성찬은 하나님의 은총을 경험하는 통로의 하나다. 하지만 이런 고백은 지금 우리의 현실과 거리가 있다. 속죄 개념에만 지나치게 집착한 탓일 수도 있고, 이런저런 조건에 지나치게 얽매인 탓일 수도 있다. 이 책은 성찬이 담은 핵심적 진리를 쉬운 말로 풀어 줌으로써 성찬이 '은혜'의 체험이 될 수 있도록 돕는다. 참여하는 성도들에게나 집전하는 목회자들에게 성찬의 참 의미를 일깨우는 소중한 도움이 될 것이다.

권연경 숭실대학교 기독교학과 교수

톰 라이트는 이 책에서도 탁월한 신학자요 재치 있는 설교자로서의 면모를 유감없이 발휘한다. 성찬이 형식적인 예식으로 전락하거나 성찬의 의미로서 주의 죽으심이란 일면에만 집중하는 우리의 현실을 생각할 때, 주의 죽으심뿐 아니라 주의 오심을 기대하는, 과거와 미래가 조우하는 시간으로서의 성찬이라는 톰 라이트의 통찰은 우리의 성찬을, 그리고 우리의 삶을 더욱 풍성케 할 것이다.

이찬수 분당우리교회 담임목사

성찬은 예수 그리스도를 통한 하나님의 구속의 은혜를 오감(伍感)으로 체험케 하는 은총의 수단이다. 이 책은 '보이는 말씀'인 성찬의 기원과 역사 그리고 그 의미를 매우 재미있는 식사 이야기로 쉽게 풀어서 설명한다. 성찬을 거의 잃어버린 한국 교회의 성도들과 목회자들에게 이 책이 널리 읽혀서, 우리의 예배 현장에서 성찬이 회복되기를 강력히 소망한다.

주승중 주안장로교회 목사, 전 장신대학교 예배설교학 교수

일러두기

이 책은 『성찬이란 무엇인가』의 장정과 편집을 새롭게 하고, '토론과 성찰을 위한 질문'을 더한 개정판 도서입니다.

성찬이란 무엇인가

IVP(InterVarsity Press)는
캠퍼스와 세상 속의 하나님 나라 운동을 지향하는
IVF(InterVarsity Christian Fellowship)의 출판부로
생각하는 그리스도인을 위한 문서 운동을 실천합니다.

ⓒ Nicholas Thomas Wright 1999, 2014
First published in Great Britain in 1999
as *Holy Communion for Amateurs*
by Hodder & Stoughton, London, UK.

This English edition published 2014
as *The Meal Jesus Gave Us*
by Society for Promoting Christian Knowledge
36 Causton Street, London SW1P 4ST, UK.
All rights reserved.

This Korean translation edition ⓒ 2011, 2021 by Korea InterVarsity Press
156-10 Donggyo-ro, Mapo-gu, Seoul 04031, Republic of Korea.
This Korean edition is published by arrangement of SPCK
through rMaeng2, Seoul, Republic of Korea.

이 한국어판의 저작권은 알맹2를 통하여
SPCK와 독점 계약한 IVP에 있습니다.
신 저작권법에 의하여 한국 내에서 보호받는 저작물이므로
무단 전재와 무단 복제를 금합니다.

성찬이란 무엇인가

톰 라이트
안정임 옮김

IVP

차례

추천 서문   8

1부   이 모든 것의 기원

1   생일 파티   12
2   해방의 잔치   18
3   최후 혹은 최초의 만찬   25
4   새로운 가족   31
5   새로운 이야기   36
6   새로운 생명   42

2부   감사의 잔치

7   성찬의 현주소   50
8   잔치와 잔치들   56
9   하나님의 시간을 살기   62
10   주의 죽으심의 과거와 현재   67
11   미래를 맛보기 위해   73
12   예수님의 임재   79
13   위대한 드라마: 1부   86
14   위대한 드라마: 2부   92
15   하나 되는 식탁   99

추천 서문

그리스도인의 삶에서 성찬만큼 중요한 것은 없다. 하지만 희한하게도 그렇게 중요한 성찬을 제대로 설명하는 책은 드물다. 비그리스도인들은 성찬을 신기하게 여기고, 그리스도인들도 습관적으로 성찬에 참여할 뿐 그 유래와 의미를 제대로 알지 못한다. 이 책은 그들 모두를 위한 이상적 책이다. 저자인 톰 라이트는 신약학 분야의 세계적 권위자일 뿐 아니라 독특한 문체로 사람의 마음을 사로잡는 매력을 지닌 사람이다. 당신은 분명 이 책을 읽고 감동을 받을 것이다. 얕은 물에 발을 담근 후, 책장을 넘길수록 '예수님의 식사'(저자의 표현에 의하면)에 담긴 경이롭고 깊은 의미 속으로 빠져들 것이다. 신약성경과 성찬에 대해 알면 알수록, 평이하면서도 깊은 지식을 담고 있는 이 책이 얼마나 멋진 책인지 알게 될 것이다. 기독교의 분열을 초래하던 이 주제가 모든 교과를 하나로 묶는 중심이 된다는 점은 이 책의 무엇보다 탁월한 점이다. 아울러 화성에서 온 방문객이나 하나님의 철도 등 기발하고 재치 있는 예화들은 독자들로 하여금 성찬의 깊은 뜻을 깨닫게 할 것이다.

이 책은 성찬의 의미를 궁금해하는 사람에게는 명쾌한 설명을, 정기적으로 성찬에 참여하는 사람에게는 심오한 이해를 안겨 줄 것이다. 학자들이라면 이 책을 통해, 학문적 성과를 이해하기 쉽게 전달하는 모범을 만나게 될 것이다. 이 책을 강력히 추천한다.

마이클 그린(Michael Green)

1부

이 모든 것의 기원

1
생일 파티

당신은 막 식탁에 앉았다. 오늘은 열 살짜리 여동생의 생일이다(당신이 만일 열 살짜리 여동생을 둘 만큼 어린 독자가 아니라면, 딸이나 조카, 손녀의 생일이라고 생각하라). 모든 준비가 끝났다. 생일상이 푸짐하게 차려졌고, 이제 생일 케이크의 초에 불만 붙이면 된다. 집안 곳곳에 풍선이 매달려 있다. 사람들이 각양각색의 선물 꾸러미를 들고 하나둘 모여든다.

손님들이 모두 도착했는데, 갑자기 초인종 소리가 들린다. 당신은 누가 왔는지 보려고 현관으로 달려간다. 현관에는 자신의 별을 떠나 이제 막 도착한 점잖은 모습의(그리고 다행히 우리말을 할 수 있는) 화성인이 서 있다. 그는 들어가도 되는지 정중하게 묻는다. 오늘은 색다른 생일 파티가 될 것 같다. 당신은 그를 집안으로 데리고 와서 생일 파티가 시작되려는 거실로 안내한다. 순간 사람들이 놀라움과 충격으로 웅성거렸지만, 이내 그가 전혀 해로운 존재가 아니며 단지 즐거운 시간을 보내러 왔음을 알게 된다. 드디어 파티가 시작된다.

그러나 화성인은 궁금한 것이 한두 가지가 아니다. 그래서 자신을 맞이해 준 당신에게 작은 목소리로 계속 질문을 한다. 왜 이 모든 사람이 여기에 모여 있는가? 왜 저들은 '팡' 소리를 내는 물건들을 잡아당기는가? 왜 사람들은 우스꽝스러운 뾰족 모자를 쓰고 있는가? 왜 가운데 앉은 여자아이가 모든 꾸러미를 혼자서 풀어 보는가? 그리고 사람들은 왜, 대체 왜 저 케이크에 불을 지르려고 하는가?

당신이 질문에 하나하나 답할 때마다, 화성인의 궁금증은 커져만 간다.

"오늘은 저 아이가 태어난 날이에요!"

"그럼 방금 태어났다는 말인가요?"

"아니요. 10년 전에 태어났어요."

"그런데 뭐가 특별하다는 거죠?"

"우리는 해마다 이런 식으로 축하를 합니다."

"해마다라니, '해'가 뭐죠?"

"그건…그러니까, 365일이 지나면 한 해가 되는 거잖아요."

"우리가 사는 별은 달라요.…하지만 그건 그렇다 치고요.

왜 사람들이 저 아이에게 무언가를 주는 거죠?"

"오늘이 저 아이의 생일이니까요."

"왜 생일에 무언가를 주는 거죠?"

"항상 그렇게 하기 때문이에요.…그러니까, 말하자면, 너를 특별한 존재로 생각한다는 뜻으로 주는 거죠."

"모든 사람이 특별하지 않나요?"

"그렇죠.…하지만 생일엔 그 사람이 더 특별한 거죠."

"왜 사람들이 전부 우스꽝스러운 모자를 쓰고 있나요? 그들도 특별한가요?"

"뭐, 그렇다고 할 수도 있죠.…그들은 생일을 특별하게 만드니까요."

"그런데 왜 케이크에 불을 지르려고 하는 거죠?"

"아, 그건 그냥 초에 불을 붙이는 거예요."

"왜 초에 불을 붙이는 거죠? 안 그래도 이곳은 환한데요. 당신 모습도 충분히 잘 보이는데."

"우리는 항상 그렇게 해요.…초에 불을 붙이는 것 역시 파티를 특별하게 만들기 때문이죠."

"그런데 왜 불을 붙인 초를 케이크 위에 두는 거죠?"

"몰라요. 우리는 그저 늘 그렇게 해요. 모든 사람이."

"화성에서는 그렇게 하지 않는데…아무튼 그것도 그렇다

치고, 왜 당신들은 남의 생일을 축하하면서 음식을 먹는 거죠?"

"아, 정말 이젠 두 손을 들어야겠군요. 나도 그 이유는 몰라요. 하지만 무슨 상관이죠? 자, 잠시 질문은 그만하시고 케이크나 좀 드시죠…."

파티가 없는 삶을 상상해 보라. 우리가 행하는 크고 작은 오만 가지 일들, 우리의 존재를 형성하는 일들, 사람과 때와 우리가 행하는 방식에 특별한 가치와 의미를 부여하는 일들이 하나도 없는 삶을 상상해 보라. 그것은 자신의 생각을 드러내는 어떤 작은 외적 표현도 없는 삶일 것이다. 이를테면 포옹도 하지 않고, 하루를 시작하고 마감할 때 가벼운 입맞춤도 하지 않으며, 손을 흔들어 주거나 악수를 하지도 않고, 결혼식 때 신부의 행복을 위해서 혹은 동료의 시험 합격을 위해서 건배도 하지 않는 삶일 것이다. 물론 특별한 날에 특별한 식사를 하지 않거나, 특별한 장소로 특별한 여행을 가지 않거나, 자신의 세계에 생기와 감정을 불어넣는 일이 없다고 해서 살아가는 데 큰 지장이 있는 것은 아니다. 그런 것들이 없어도 우리는 그럭저럭 살아간다. 하지만 삶은 무척이나 따분할 것이다.

사실 모든 인간 사회는 행동으로 의사를 표현하는 방식을 개발해 왔다. 아니, 행동으로 의미를 전달하는 방식이라고 말할 수도 있다. 군인들의 거수경례, 머리 쓰다듬기, 거래를 성사시킨 후에 나누는 악수 등은 모두 특정 상황에서 그 나름의 의미를 전달하려는 상징적 행동들이다. 그중에서도 가장 의미 있는 것을 꼽으라면 사람들이 함께 음식을 나누는 특별한 식사라고 할 수 있다. 결혼 피로연. 6개월 동안 멀리 떨어져 있던 자녀가 집에 왔을 때의 저녁 식사. 시험이 끝난 것을 축하하며 벌이는 깜짝 파티. 물론 생일 파티도 예외일 수 없다.

생일 파티는 특별히 두 가지 의미를 전달한다. "제인, 너의 생일을 진심으로 축하한다. 10년 전 오늘, 네가 이 세상에 와줘서 우리는 정말로 기쁘단다." 생일 파티는 과거의 사건과 현재의 순간을 하나로 이어 준다. (내 자녀들이 어렸을 때는 생일 축하 시간에 아이들이 태어나던 날의 이야기를 짧게 들려주곤 했다.) 또한 생일 파티는 미래를 바라본다. 우리는 아흔두 살의 할아버지나 할머니께도 "오래오래 사세요!"라고 말한다. 어찌 보면 생일에 나누는 한 끼 식사에 과거, 현재, 미래가 모두 담겨 있는 셈이다. 그래서 우리는 한편으로는 우스꽝스럽고 무의미해 보이지만(파티 모자, 촛불, 생일 케이크 등) 다른 한편으로는 매우 특별한 의미(그것이 그저 평범한 식사가 아니며 그 식사에 참여하는 우리도 평범한 사람들이 아니라는)를 부여하는 사물들로 생일을 특별하게 만드는 것이다.

우리는 왜 이런 일을 할까? 나라마다 전통은 다르지만, 무언가를 특별하게 기념하려는 마음은 마찬가지인 것 같다. 그것은 우리 안에 있는 본능적 욕구다. 우리는 그렇게 하도록 만들어졌다. 그것은 인류에 대한 가장 오래된 이야기, 즉 인간이 서로를 위해 창조되었고, 인생의 좋은 일들을 함께 축하하며, 이 모든 축하를 창조주의 영광을 위해 해야 한다는 것을 뼛속 깊이 알았던 사람들 이야기로까지 거슬러 올라간다. 창세기 저자는 화성인 친구처럼 생일 파티를 왜 하는지 물을 필요가 없었다. 그에게는 모든 것이 지극히 당연한 일이었을 것이다.

자, 이제 다른 집을 방문해 보자. 이번에는 당신이 화성인이 되어 새로운 잔치를 엿보기로 하자.

토론과 성찰을 위한 질문

∘ 과거의 일이든 미래의 일이든 당신 생애의 어떤 일이 다른 사람들과 함께 특별하게 축하할 만한 일이라고 생각하는가?

∘ 생일 축하 때에 꼭 지키려고 하는 특별한 또는 독특한 자신만의 생일 축하 방식이 있는가? 별다른 것이 없다면, 다음 생일에 당신이 할 수 있는 의미 있는 일을 생각해 보자. 생일을 좀더 기억에 남게 해 줄 일 말이다.

2
해방의 잔치

이번 잔치에 참여하기 위해서는, 시간을 거슬러 멀리 떨어진 곳으로 가야 한다. 우리는 주전 200년경 터키의 한 작은 마을에 있는 유대인 거리에 있다. 우리말에 능숙했던 화성인처럼, 당신도 일단은 아람어(당시 대부분의 유대인이 사용했던 언어)에 능숙하다고 해 두자. 당신은 종일 흥분이 고조되는 것을 느껴 왔다. 사람들은 서둘러 물건을 사고 바쁘게 왔다 갔다 한다. 계절은 봄이고, 무언가 특별한 일이 벌어질 것 같은 기운이 감돈다. 그때 거리가 쥐죽은 듯 고요해진다. 당신은 한 집으로 가서 문을 두드린다. 한 소녀가 문을 열고 나오더니 당신을 들어오게 한다. 그리고 온 가족이 둘러앉은 식탁으로 데려간다.

"여러분은 지금 무엇을 하고 계신가요?"

"오늘은 페사흐(Pesach, 유월절)라고 부르는 아주 특별한 날입니다."

"페사흐라고요? 그게 뭐죠?"

"넘어간다(passing-over)는 뜻이에요. 그날에 무슨 일이 일어났는가 하면…아, 당신도 알게 될 거예요. 이야기를 들어 보세요."

식탁의 상석에 앉은 가장 연장자로 보이는 남자가 무언가 말하기 시작한다. 더 정확히 말하면 무언가를 읽는 것이다. 그는 단조로운 가락까지 곁들인다. 그 이야기는 유대인들이 이집트에서 노예살이 하던 시절의 오래된 이야기다. 그곳에 모인 사람들은 그 이야기를 다 아는 듯, 들으면서 고개를 끄덕이거나 엷은 미소를 짓는다.

"하나님은 우리 아브라함의 자손들을 세상의 빛이 되라고 부르셨습니다.…우리는 이집트로 내려갔고, 거기서 노예가 되었습니다. 그리고 우리 하나님은 강한 손과 편 팔로 우리를 이집트에서 이끌어 내셨습니다. 이집트 사람들을 징벌한 그분의 진노는 우리를 넘어갔습니다(pass over). 그리고 그분은 홍해를 거쳐 광야로 우리를 이끄셨습니다. 우리에게 하나님의 율법을 주셨고, 약속의 땅으로 우리를 인도하셨습니다." 남자는 계속해서 이집트에 내린 재앙들을 비롯해 세세한 내용들을 극적으로 읽어 내려간다.

그러다 어느 순간, 당신을 맞아 준 소녀의 남동생이 불쑥 이런 질문을 던진다(무언가를 읽고 있거나, 옆에서 어머니가 시킨 것 같다).

"오늘 밤이 다른 밤과 다른 이유가 뭐예요?"

그의 아버지는 읽던 책에 있는 어느 구절을 읽어 준다. "오늘 밤은 거룩하신 우리 하나님이 이집트로 내려와 우리를 이집트 사람의 손에서 구원해 주신 날이기 때문이지…."

그때 당신이 소녀에게 속삭인다. "하지만 저 이야기는 아주 오래전 일이고, 그날과 오늘은 엄연히 다른 거 아닌가요?"

그 말에 소녀도 속삭이며 대답한다. "아니요, 오늘은 그날과 같은 날이에요. 말하자면 생일 파티 같은 거죠. 우리도 그때의 사람들과 동일한 사람들이에요. 이스라엘 백성이고, 하나님이 사랑하시며 선택하시고 구원을 약속하신 사람들이죠. 우리가 바로 이집트에서 나온 사람들이에요."

"하지만…하지만…**당신들은** 그들이 아니잖아요? 그들은 당신들의 할아버지의 할아버지의 할아버지의 할아버지의 할아버지쯤 되지 않을까요? 그러고도 몇 대는 더 올라가야 할 거예요."

"물론이죠. 하지만 중요한 건 그게 아니에요. 제 말이 무슨 뜻인지 이해하신다면 우리가 단지 **우리**가 아닌 것을 아실 거예요. 우리는 그들의 일부인 거죠. 모든 하나님의 가족, 하나님 백성의 일원 말이에요. 우리는 이집트에서 나왔던 사람들과 한 가족이에요. 그리고 오늘 밤 전 세계의 유대인 가정에서 이 식사를 나누는 모든 사람이 한 가족이에요. 이 식사가 우리를 하나로 만드는 거죠."

"하지만 왜 이런 일을 계속하는 건가요? 실제로 아주 오래전에 일어난 일인데 오늘날 그것이 무슨 의미가 있다는 거죠?"

"우리가 누구인가를 말해 주니까요. 음, 그러니까 하나님이 우리를 사랑하신다거나 하나님이 우리를 구원하신다는 것에 대해 말해 주는 거예요. 하긴 뭐, 유대인들이 언제 순탄하게 살았던 적이 있나요? 이집트 사람들만 우리를 괴롭혔던 게 아니죠. 바빌로니아 사람들도 그랬고, 페르시아와 그리스 사람들도 그랬어요. 여담이지만, 우리 가족이 이곳으로 옮겨 온 것도 사실은 그리스 사람들이 이스라엘을 정복했기 때문이죠. 요즘 우리는 걱정이 태산이에요. 작은아버지 가족이 사는 옆 나라에 새로운 황제가 등극했는데, 그가 이 지역까지 점령해서 우리를 노예로 삼으려 한대요. 그 황제는 특히 우리 유대인들을 싫어한대요. 그래서 페사흐(유월절)를 기념할 때마다 우리가 하나님의 자유로운 백성이라는 사실을 되새기는 거예요. 하나님은 우리를 자유인으로 창조하셨고, 우리가 자유롭게 살기를 원하시거든요."

"결국 지금 하는 식사가 그 모든 걸 의미한다는 말인가요?"

"네, 그 모든 걸 의미하죠. 아니, 그보다 더 많은 것도 의미해요. 사실 저도 다 기억하진 못해요. 하지만 그건 큰 문제가 아니에요.…진짜 중요한 건 우리가 모두 여기에 있다는 것, 모두 하나라는 것, 하나님이 우리를 사랑하심을 안다는 것, 오래전에 우리를 구원하셨던 것처럼 또다시 구원하실 것을 안다는 거죠. 아, 아빠가 지금 제가 좋아하는 부분을 읽고 계시네요."

소녀의 아버지는 목소리를 높여 처음 듣는 묘한 소리로 무언가를 읊조린다. 그는 우리가 사용하는 것과 같은 말이지만 좀더 오래되고 어조가 강하면서도 듣기에 좋은 말로 읊조린다.

"저건 무슨 뜻인가요?"라고 당신이 속삭여 묻는다.

"저건 말이죠…."

당신은 계속 음식을 먹었고, 리브가(소녀의 이름)는 당신이 음식을 먹을 때마다 그 음식에 어떤 뜻이 담겨 있는지를 설명해 주었다. 이상한 모양의 납작한 떡은 누룩을 전혀 넣지 않은 것인데, 그 이유는 이스라엘 백성이 이집트를 탈출하던 밤에 누룩 없이 떡을 만들었기 때문이라고 한다. 또한 쓴 나물(너무

써서 삼키기도 힘들고 눈물이 날 지경인)은 그들이 이집트에서 당했던 고난과 슬픔을 상징하는 것이고, 그 밖의 음식들도 나름의 의미를 갖고 있다고 한다. 또한 그들이 식탁 앞에 앉아 있는 희한한 자세, 사실 앉아 있다기보다 바닥에 팔을 괴고 비스듬히 누워 있는 그 자세도 그들이 하나님의 자유인임을 상징적으로 나타내는 것이라고 한다. 노예는 서 있고 자유인은 기대앉는 법이니 말이다. 말하자면 식사의 모든 요소 하나하나가 다채로운 방식으로 현재 그들이 누구인지, 과거에 누구였는지, 미래에는 누구일지를 말해 주는 셈이었다. 그리고 그 모든 것 속에서 이상한 음악처럼 다가오는 것이 있었다. 과거에 하나님이 이런 분이었고, 현재에 이런 분이며, 미래에 이런 분일 것이라는 사실….

한 끼 식사가 그 모든 것을 담고 있다는 것은 흥미로운 일이었다. 물론 의미를 설명하기 위해 말이 필요하지만, 숨은 뜻을 알고 보니 식사 자체가 모든 의미를 설명하고 있었다. 음식을 함께 먹는 행위도 이스라엘의 이야기, 곧 하나님의 이야기에 동참하는 것을 의미했다. 그래서 유대인의 가정생활이 그처럼 특별하고 그들의 식사도 의미심장한 것이다. 자, 그럼 이제 특별한 유월절 만찬 자리를 둘러볼 차례다. 그것은 소수의 유대인을 비롯해 다른 수많은 사람에게 온 세상 어느 식사보다 더 특별하고 뜻깊은 만찬이 된 자리였다.

토론과 성찰을 위한 질문

- 유월절 식사의 여러 다른 요소들은 어떤 점에서 그 식사에 참여하는 이들이 그 식사가 기념하는 사건과 연결되도록 돕는가?

- 당신은 왜 '페사흐' 또는 유월절이 오늘날의 유대인들에게 그렇게 계속 중요하다고 생각하는가?

3
최후 혹은 최초의 만찬

이제 변장은 그만두자. 당신은 이제 그냥 실제 인물이 되는 것이다. 하지만 만찬 자리의 어느 누구도 무슨 일이 일어나고 있는지 알지 못하기 때문에 상황은 여전히 비슷하다. 물론 만찬의 주인은 예외다. 모든 것을 계획하고 비밀리에 진행시킨 것은 바로 그였다. 사실이 알려지면 위정자들이 가만있지 않을 테고 심지어 그를 체포할지도 모르기 때문이었다.

그가 마을에 들어서자, 당신을 포함한 모든 사람이 일제히 달려 나가 그와 동행했다. 그가 말 탄 모습을 보려는 것이 아니라 이번에는 틀림없이 '무언가 일어날' 것이라고 생각했기 때문이다. 그도 그런 생각을 하는 것 같았다. 평소보다 상기된 모습이었지만, 이상하게 걱정스러운 표정이기도 했다. 성전으로 올라간 그는 누구도 예상치 못한 행동을 했다. 가축 판

매상들과 환전상들을 내쫓고 잠시 모든 상거래를 금지시켰다. 그는 이렇게 말하고 싶은 것 같았다. '이 모든 것이 있을 수 없는 일이야! 하나님이 원치 않으시기 때문에 다 없애 버리실 거야!' 하지만 어떻게 그런 생각을 품게 되었을까? 하나님이라면 어떻게 하실 것이라고 그는 생각했을까?

베다니의 봄은 쌀쌀했다. 밤에는 한데서 자고 낮에는 시내로 들어오는 날이 며칠간 반복되었다. 예수님은 모여든 군중, 그 흥분한 군중을 가르치셨다. 예루살렘에 유월절을 지키러 온 순례자들이 늘어날수록 예수님 주위의 군중도 많아졌다. 물론 그 이유는 축제 때문이었다. 해방의 날을 기념하는 축제, 하나님 나라의 축제. 하나님이 우리를 이집트에서 해방시켜 주셨다. 이제 로마의 압제에서 해방시켜 주실 때다. 당신을 포함한 모든 사람은 예수님이 왕이 되어 그 일에 앞장서실 것이라고 생각했다. 갑자기 그분이 어떤 신호를 보내실 테고 당신들은 행동에 돌입할 것이다. 수많은 군중도 동조할 것이다. 로마 경비병들은 무서워 벌벌 떨 것이다. 해방을 선언하기에 유월절보다 더 좋은 날이 어디 있겠는가? 게다가 예수님 같은 하나님의 사람이 앞장서시는데.

유월절이 코앞에 다가왔지만 아직 아무 일도 일어나지 않았다. 당신과 다른 유대인들은 예수님이 무엇을 하실지 궁금해했다. 그때, 예수님이 무언가를 비밀리에 준비하고 계시다는 사실이 포착되었다! 그것도 유월절 하루 전에! 대체 무슨 일을 벌이시려는 걸까? 행여 이번 일이 잘못되는 것은 아닌지 당신과 유대인들은 불안감을 떨쳐 버리지 못했다. 당신은 예수님의 계획이 성공할 수 있을지 언제나 약간은 의심이 되었다. 사방 천지에 감시의 눈이 번득거리는 상황에서, 제자들은 식탁 주위에 둘러앉아 있었다. 하나님의 자유로운 백성을 상징하는 비스듬히 누운 전통적 자세로. 그리고 식사가 시작되었다.

"여보게, 도마!" 성미 급한 베드로가 당신 옆에 기대어 말을 붙였다. "예수님이 대체 무엇을 하시려는 것 같은가?"

"나도 모르지. 무엇을 **하실 수 있을지** 도통 모르겠네. 여느 유월절처럼 우리가 이 자리에 모여 있는 건 그렇다 치고, 대체 이 모든 것이 어떻게 하나님의 나라를 이룬다는 걸까?"

그때 예수님이 말씀을 시작하셨다. 유대인 가정에서 가장들이 으레 하는 말을 하실 것이다. 당신과 제자들은 해마다 아버지에게서 들은 터라 모두 외우고 있는 내용이었다. 조상들이 먹었던 떡은 이집트에서 탈출할 때 먹었던 것이고, 잔은 생명과 해방을 의미했다. 그런데…당신이 포도주를 너무 많이 마신 걸까? 대체 저분이 무슨 말씀을 하시는 거지?

"이 떡을 먹으라. 이것은 내 몸이니 너희를 위해 주는 것이다. 나를 기념하여 이 일을 행하라."

맙소사! 천지가 뒤집어질 일이다. 당신과 제자들은 눈을 동그랗게 뜨고 예수님을 응시했다. 아무리 예수님이라도 이번에는 도가 지나치시다는 생각이 들었다. 지금은 유월절 만찬을 함께하는 자리고, 유월절 식사를 할 때는 당연히 이집트 이야기, 해방 이야기가 나와야 하는 거 아닌가? 그런데 뜬금없이 예수님의…**몸**이라고? 그리고 왜 우리가 예수님을 기념해서 이 일을 해야 한다는 거지? 대체 무슨 말씀을 하시는 거야?

당신이 여전히 어리둥절해하는 동안 잔이 돌았다. 수많은 유월절을 지내고 수많은 포도주를 마셨지만 그때뿐이었다. 포도주를 마신 후에는 잊어버렸다. 하지만 지금의 일들은 결코 잊을 수가 없을 것 같았다. 다시 낯익은 이야기가 흘러나왔다. 그런데 이번에도 예수님은 갑자기 말을 바꾸셨다.

"너희 모두 이것을 마시라. 이 잔은 새 언약을 맺는 나의 피다. 너희와 많은 사람의 죄를 사하기 위해 흘린 피다."

다시 한번 어안이 벙벙해졌다. 해도 해도…너무하시네. 예수님의 **피**라고? 유대인은 피를 마시지 않는다는 걸 모르시나? 게다가 새 언약이라니? 죄를 사한다고? 물론 모든 유대인은 알고 있다. 이집트에서 구원하실 때처럼, 하나님이 언젠가는 이스라엘과 새 언약을 맺으실 것이라고 예언자들이 예언했다는 사실을. 그때 하나님은 마침내 이스라엘의 죄를 영단번에 사하실 것이고, 이스라엘을 모든 곤경에서 구하시며, 자유롭게 하실 것이다. 그렇다. 유월절은 바로 그날을 가리키고 있다. 그런데 미래의 그날이 마치 지금 눈앞에서 이루어지기라도 한 것 같지 않은가! 당신은 그저 음식과 포도주를 먹고 마시느라 졸리고 몽롱할 뿐인데. 대체 예수님의…**피**와 이 모든 일이 무슨 연관이 있단 말인가?

머릿속이 복잡한 채로, 당신은 캄캄한 밖으로 나갔다. 바로 그때 모든 일이 터지고 말았다. 당신과 제자들은 겟세마네 동산에서 졸고 있었다. 왜 평소처럼 베다니로 돌아가지 않았을까? 예수님은 가장 가까운 세 명의 제자들과 저만치 떨어져 계셨다. 그래서 그들이 하는 이야기는 들리지 않았다. 그리고 들이닥친 군인들, 횃불, 체포. 당신과 제자들이 기억하는 것은 혼비백산하여 어둠 속에서 달아나던 일뿐이다. 겉옷 자락이 감람나무 가지에 걸려 찢어지고, 심장이 터질 듯 두근거리고, 예수님이 하셨던 말씀들이 악몽처럼 뒤범벅되어 떠올랐다. 떡과 포도주, 몸과 피, 죽음과 기념.

그리고 금요일이 되었다. 당신과 제자들은 쥐구멍의 쥐처럼 숨어 있었다.

그새 소식이 들렸다. 최악의 소식이었다. 모든 것이 끝났다.

치욕이었다. 우려했던 모든 일은 현실이 되었고, 설마 했던 모든 일이 실제로 일어났다. 그 와중에서 유월절 만찬이어야 했던 식사는 그렇지 못했고, 하나님의 위대한 새 구원을 언급했어야 할 말들도 분명 그렇지 못했고, 이스라엘의 메시아였어야 할 분도 보다시피 그렇지 못했다.

토론과 성찰을 위한 질문

- 당신 자신이 최후의 만찬 자리에 있던 제자들 중 하나라고 상상해 보라. 바로 조금 전에 예수님이 성전에 가셨을 때 일어난 일과 지금 제자들이 비밀리에 모여 있다는 것을 생각할 때, 당신은 어떤 느낌이 들겠는가?

- 예수님이 떡과 잔을 축사하시면서 하신 말씀들의 의미는 무엇이었겠는가?

4
새로운 가족

하나의 장면만 더 연출하고 이 연극을 마치도록 하자. 다만 이제부터 본격적 이야기가 시작될 참이므로 세 장을 할애해서 좀더 깊이 파고들어 보자. 이번에는 터키, 타우루스산맥 아래 동해안으로부터 15킬로미터 떨어진 작은 마을로 가 보자. 때는 주후 56년이다. 이번에는 나도 이야기 속에 끼어들겠다. 당신만 모든 즐거움을 만끽할 수는 없지 않은가.

자, 그럼 배경을 한 번 둘러보자. 이날은 일주일이 시작되는 첫날이다. 모든 사람이 자리에서 일어나 부지런히 움직인다. 상점들은 문을 열었고, 떡 굽는 냄새도 나고, 작업장마다 분주하다. 하지만 우리 중 몇 명은 이미 한두 시간 전부터 일어나 있었다. 우리가 묵었던 곳은 거리의 끝에 위치한 빌레몬의 대저택이다. 우리가 무엇을 하고 있었냐고? 물론 나는 이웃 사람들이 수군대는 것을 알고 있다. 당신은 이발소에서 들은 이야기를 전부 믿으면 안 된다. 아무래도 조금만 거슬러 올라가 이야기를 시작해야 할 것 같다.

2년 전쯤, 마을 사람 한 명이 연안에 있는 대도시에 가서 사업을 하게 되었다. 그는 그곳에서 아주 이상한 유대인 한 명을 만났다. 겉으로 보기엔 분명 유대인이었지만 여느 유대인과 좀 다른 점이 있었다. 사실 그는 감옥에 갇힌 죄수였는데도 우리와 친했던 에바브라에게 어떤 이야기를 들려주었고, 그 이야기는 에바브라의 인생을 바꾸어 놓았다. 그는 우리에게도 그 이야기를 전해 주었고, 우리도 변화되었다.

그 이야기는 매우 이상하지만, 듣고 나면 추운 날 따뜻한 음료를 마신 것처럼 마음이 훈훈해진다. 동시에 안타깝고, 기쁘고, 설레고, 숙연한 마음도 일어난다. 모든 것이 이전과는 다르게 보인다. 대체 이 유대인들에게는 무엇이 있는 걸까? 확실한 것은 모르지만, 이 이야기가 그들의 전형적 이야기라면, 그들에게는 무언가 있는 것이 틀림없다.

물론 우리도 유대인들에 대해 조금은 안다. 유대인 마을에는 비록 크지 않아도 회당이 하나씩 있고, 유대인들은 절기들을 지킨다(아무 일도 하지 않고 게으름을 피우는 일주일의 마지막 날을 포함해서. 얼마나 부러운 일인가!). 소문에 의하면 갓 태어난 남자 아기들에게 고약한 짓을 한다고 하지만, 그들의 가정사에 대해서는 별로 언급하고 싶지 않다. 참, 그들은 고기도 먹지 않는다. 아니, 돼지고기만 먹지 않던가? 우리가 시장에서 늘 사 먹는 그 돼지고기 말이다. 그리고 모두 알다시피 그들은 신들을 숭배하지 않는다(그래서 사람들은 그들을 무신론자라고 부른다). 그들이 신들로 인해 어려움이 많았다는 이야기도 있지만, 어쨌든 신들은 그들에게 별로 관심이 없는 것 같다. 어떤 이들은 유대인들이 그런 일을 자초했다고 말하고, 어떤 이들은 그들이 자신들의 신만을 섬겼으니 비난받을 것이 없다고 말한다. 하지만 우리는 그에 대해 별로 신경 쓰고 싶지 않다.

그럼 우리는 어떻게 종교 생활을 했는지 이야기해 주겠다. 물론 우리는 신전에 있는 신들에게 절하러 갔다. 곡식을 심을 때는 추수의 신에게 절하고, 결혼을 할 때는 사랑의 신에게 절하고, 장사를 할 때는 장사의 신에게 절하는 식이었다. 당신이 무엇을 말하든, 우리는 그것을 관장하는 신을 만들 수 있다. 신들은 언제나 비위를 잘 맞춰 주어야 한다. 그리고 신들을 위한 특별한 날에는 잔치도 벌여야 한다. 우리는 신전에 가서 제물이 될 짐승을 제사장에게 주고 신전 뒤편에 있는 식당으로 가서 맛있는 음식을 게걸스럽게 먹어 치웠다. 그렇다고 우리가 술을 마시지 않았다거나 얼큰한 상태에서 요상한 짓을 하지 않았다는 이야기는 아니다. 더욱이 신전 제사에 종사하는 소년 소녀들이 늘 주변에서 섬기고 있었으니까. 어쩌면 제사장들도 그 요상한 짓에 끼어들었을 가능성이 높다. 그것도 제사의 일부로 여겼으니 말이다.

아무튼 앞서 말한 것처럼, 마을로 돌아온 에바브라는 우리에게 예수라는 유대인의 이야기를 들려주었다. 유대인들은 그를 '메시아'라고 불렀는데, 이는 일종의 왕이라는 뜻이라고 한다. 적어도 그를 아는 사람들은 그렇게 생각했다. 로마인들은 그를 잡아 십자가에서 처형해 버렸고(내가 미리 알았다면 로마인들은 원래 반역자들의 왕을 그런 식으로 처단한다는 것을 말해 주었으련만) 그것으로 모든 것이 끝난 듯 보였다고 한다. 그런데 문제는 그다음이었다(나는 그 이야기를 듣고 솔직히 무릎이 약간 후들거렸다). 이틀이 지난 그 주의 첫째 날에 그가 다시 살아났다는 것이다. 그것도 죽다 살아난 것처럼 비틀거리며 나타난 것이 아니라 완전히 새로운 사람이 되어 나타났다는 것이다! 도무지 설명이 안 되는 일이고 나도 분명 설명할 수는 없다. 그런데도 그들은 그 말을 잘 이해하는 것 같다. 유대인들은 자신들의 메시아가 오시면 그분이 전 세계의 주(主)가 되실 것이라고 확신하고 있었다. 그렇다면 우리의 주도 되신다는 이야기다! 자, 믿을 수 있겠는가? '내가 유대인의 왕에게 절을 한다고? 정신이 돌았지.' 아니, 처음에는 그렇게 생각했다.

어쨌거나 내게는 그 이야기가 하나의 시발점이었다. 나는 깊은 잠에서 갑자기 깨어난 사람 같았고, 자신의 일에만 신경 쓰다 갑자기 사랑에 빠져 버린 사람 같았고, 흑백 텔레비전을 보다가 갑자기 컬러 텔레비전을 본 사람 같았다(물론 이 당시는 아직 텔레비전이 발명되기 전이지만 **당신**은 내 말이 무슨 뜻인지 알 것이다).

그리고 이제…우리가 여기에 있다. 우리는 새로운 가족이나 다름없다. 그리고 가족이라면 모름지기 밥을 같이 먹어야 하지 않겠는가….

토론과 성찰을 위한 질문

◦ 앞에서 "겉으로 보기엔 분명 유대인이었지만 여느 유대인과 좀 다른" "아주 이상한 유대인"이라고 묘사된 에바브라의 친구가 누구라고 추측하는가? 왜 그는 감옥에 있는가?

◦ 당시 사람들은 온갖 종류의 신을 믿었다. 또 그 신들과 연관된 온갖 종류의 제의와 의식들이 있었다. 그러한 믿음을 포기하고 대신에 예수님 안에 계시된 한 분 참된 하나님께로 회심하는 것을 심사숙고하는 일이 어땠을지 상상해 보라.

5
새로운 이야기

앞에서도 말했듯이, 이제 우리는 하나의 가족이나 다름없다. 에바브라의 이야기를 들었던 우리 서른두 명에게 똑같은 일이 일어났다. 그 이야기를 들은 내 아내도 마찬가지다. 하지만 그중 절반은 사실 우리가 그다지 호감을 갖던 사람들이 아니다. 심지어 노예들도 상당수 있다. 그런데 무슨 일이 일어났는지 아는가? 우리는 서로 물건들을 나누고 서로를 형제와 자매로 대우한다(상상도 못한 일이다! 그런데도 다들 잘 해내고 있다). 그건 '아가페'(*agape*)라는 것인데 흔히 말하는 '사랑'이라는 말과도 비슷하지만, 그보다는…뭘까, **실제적이다**. 말하자면 남다르게 행동한다는 의미다. 모든 사람을 중요하게 여겨야 한다.

물론 우리는 더 이상 신전에 가지 않는다. 우리가 에바브라의 이야기를 들었을 때, 신들에 대해 안다고 자부했던 것들이 모래성처럼 와르르 무너졌고 전혀 생각지도 못했던 신―그들은 '하나님'이라고 부른다―을 알게 된 것이다. 예수님이라는 분에 대한 이야기를 들으면 들을수록 그 하나님이 우리에게 다가오시고 우리를 환영하시는 것처럼 느껴졌다. 그리고 어느새 (진짜 별말을 다 한다고 할지 모르지만 어쨌든 우리는 그렇게 느꼈으니 믿어 주기 바란다) 우리가, 글쎄 바로 우리가 그 하나님을 **아는** 것처럼 느껴졌다. 유대인의 하나님이라는 분을 말이다. 그 오랜 세월 유대인들이 왜 그 하나님에게만 집착했는지 조금은 알 수 있을 것 같았다. 그분은 꽤나 대단한 분이시다. 그리고 왠지 그분은 우리도 잘 아실 것만 같았다. 이전에 우리가 했던 모든 일, 눈만 뜨면 능숙하게 하던 모든 숭배 행위가 너무나 더럽고, 유치하고, 천박하고, 비열하게 느껴졌다. 하긴, 하나님도 그것을 전부 알고 계셨을 것이다. 그러면서도 괜찮다고 우리를 받아 주셨다. 이 모든 것이 예수님이라는 분의 이야기를 들으면서, 그분이 왜 돌아가셨는지를 알게 되면서부터 일어난 변화였다….

  아 이런, 말하다 보니 샛길로 빠졌다. 당신은 왜 우리가 일주일이 시작되는 첫날 꼭두새벽에, 심지어 떡집의 화덕이 달궈지기도 전에 일어나 있는지 궁금할 것이다. 그날은 유대인들이 지키는 기념일 중의 하나로, 모두 모여 식사를 하는 날이다. 이날을 유월절이라고 부른다. 이 의식의 유래는 아주 오랜 옛날 그들의 하나님—또한 우리가 지금 알아 가고 있는 그 하나님—이 그들을 이집트에서 구원하셨던 사건으로 거슬러 올라간다. 구원받을 당시는 좋았는데 그 후에도 일은 계속 꼬여 갔고, 하나님은 언젠가 그들을 다시 한번 구원하겠다고 약속하셨다. 더불어 전혀 새로운 일을 하겠다고 하셨다. 유대인들의 문제를 단번에 영원히 해결하고, 그 과정에서 전 세계 모든 사람을 그분의 백성으로 부르시겠다는 것이다! 유대인의 하나님이 우리 모두를 자녀로 삼아 그분의 가족이 되게 하신다는 것을 상상할 수 있는가? 뭐, 유대인들이야 항상 자신의 하나님이 이 세계를 창조하셨다고 말했으니, 이해가 될 것이다. 그리고 그들의 왕이 온 세상의 주인이시라면, 그 세상에 우리가 있는 것이다(오 미안, 이렇게 큰 소리로 말하면 안 되지. '우리의 주님이며 구원자'라 불리는 가이사가 우리를 감시하고 있으니 말이다. 하지만 **예수님이 진짜 '주님이며 구원자'인지 묻는다면**, 당신만 들을 수 있게 말해 주겠다. **모든 새로운 신전이나 신상은 물론 가이사도 가짜 '주님이며 구원자'일 뿐이다**).

자, 우리가 어디까지 이야기했더라? 아, 유대인들은 유월절에 특별한 식사를 한다고 했지. 로마 군인들의 손에 잡히시기 전날, 예수님은 자신을 따르던 사람들과 유월절 식사를 함께

하셨다. 그런데 의식을 조금 변경하셨다. 모든 초점은 하나님이 약속하신 새로운 구원에 맞추어져 있었다. 예수님은 곧 세상을 떠나실 것이었고(자신의 죽음을 알고 계신 듯했다), 이제부터는 자신을 기념하여 유월절 식사를 하라고 말씀하셨다. 너무 심각한 말씀이라고? 그것은 아무것도 아니었다. 그분은 떡을 손으로 떼시더니 "이것은 내 몸이다"라고 말씀하셨고, 포도주가 든 잔을 들고서는 "이것은 내 피다"라고 말씀하셨다. 나는 그 말을 듣는 순간 온몸에 소름이 돋았다. 사실 우리가 신전에 제사 지내러 다닐 때도 신들의 몸과 피를 나눈다는 생각으로 음식을 먹고 마시지 않았던가. 그 때문에 더 제사 지낼 기분도 났던 것이고(물론 그 기분이 오래간 적은 없다).

자, 본격적인 이야기는 지금부터다. 일주일이 시작되는 첫날이 되면 모든 유대인 가정의 가족들은 한자리에 모인다. 식사 후 곧바로 일을 하기 때문에(특히 노예들) 이른 시간에 모여야 했다. 그렇다고 근사한 정찬을 먹는 것은 아니다. 그건 너무 비용이 많이 드니까. 그럼 누가 돈을 대며, 얼마나 많은 사람이 먹고 마시는지 궁금할 것이다. 가장 중요한 것은 뭐니 뭐니 해도 우리가 한 가족으로서 이 일을 행한다는 것이다. 누가, 무엇이 필요한지, 다음에는 돈을 얼마씩 걷어야 하는지도 중요한 문제지만, 그건 계산이 무색할 정도로 이 식사는 매우 특별하다. 에바브라의 말에 따르면, 감옥에 있던 그 유대인 친구도 몇몇 그리스인 가정에 그런 문제들이 생겨 골치가 아팠다고 한다. 하긴, 예로부터 고린도는 유별나기로 둘째가라면 서러운 고장이니까.

무엇보다 중요한 점은, (사실 여기가 기막힌 대목인데 제대로 표현할 수 있으려나 모르겠다) 떡을 떼어서 나누어 먹을 때 그리고 포도주 잔을 돌려 가며 마실 때, 그것이 예전에 신전에서 경험했던 최고의 순간들과 비슷하면서도 전혀 그 차원이 다르다는 점이다. 아니, 이렇게 말하는 편이 나을 것 같다. 예수님이 제자들과 마지막으로 식사를 하셨던 그 최후의 만찬 자리에 우리도 함께 있었던 것 같은 느낌이 든다. 물론 지금 우리가 있는 곳은 빌레몬의 집이고, 시간은 일요일 아침이다. 주변 사람들이 모두 잠자리에서 일어나 하루를 시작하는 시간이지만, 예수님은 분명 우리와 함께 계신다. 그리고 그분은 우리를 사랑하신다. 우리도 그분을 사랑한다. 그렇기 때문에 우리는 서로를 진심으로 사랑할 수 있다. 거들먹거리기 좋아하는 저 별난 빌레몬도, 이 유대인 죄수를 만난 후 개과천선해서 돌아온 노예 오네시모도 사랑하고 용납할 수 있는 것이다. 그리고 그 하나님(우리가 섬겼던 시시하고 저속한 신들과 달리 전 세계를 창조하셨다는 그 유대인의 하나님)이 우리와 함께하신다. 마치 가정에서 아이들을 돌보는 어머니처럼, 새끼들을 돌보는 어미 새처럼. 아무튼 당신은 내 말이 무슨 뜻인지 이해할 것이다.…그렇지 않은가?

토론과 성찰을 위한 질문

- 사람들이 자신들의 신들에게 희생 제사를 바치기 위해 모였을 때 일어난 일들과 비교할 때, 최초 그리스도인들의 예배 방식은 어떤 점에서 가장 독특했을까?

- 최초의 이교도 회심자들은 그리스도인의 예배에서 무엇이 가장 매력 있다고 생각했겠는가?

6
새로운 생명

물론 이야기는 여기서 끝이 아니다. 하나님이 이 세상을 어떻게 하실 것이라는 이야기가 남아 있다. 그분에게는 계획이 있다고 한다. 예수님이 돌아가신 직후에 예수님을 위해 하셨던 일을 우리 모두를 위해 하시겠다고 분명히 약속하셨다. 또한 전 세계를 위해서도 하신다고 했다. 정말 가슴 벅찬 일이 아닐 수 없다. 하나님이라는 분은 정말로 이 세상을 사랑하시는 것 같다. 그래서 40여 년 전, 일주일의 첫날 예수님께 해 주신 것처럼 온 세상을 완전히 새롭게 만드시려는 것이다. 하나님이 그렇게 하시는 날, 우리는 예수님을 직접 만날 것이다. 예수님이 우리에게 오실 것이다. 아니, 우리가 예수님 계신 곳에 있게 된다고 해야 하나. 정확히는 잘 모르고, 어떻게 표현해야 할지도 모르겠다. 어쨌든 중요한 것은, 떡을 떼어 먹고 포도주 잔을 돌려 가며 마시는 것이 우리가 최후의 만찬 자리에 예수님과 함께 있다는 것뿐 아니라 새로운 세상에서도 그분과 함께 있을 것을 의미한다는 사실이다. 우리가 하는 일들은 이를테면 모든 과거(예수님의 모든 이야기)와 모든 미래(예수님이 다시 오시고 하나님이 전 세계를 새롭게 만드실 때)를 한 순간으로 불러오는 셈이다. 유대인들은 유월절 식사를 할 때마다 그 사실을, 아니 적어도 그와 비슷한 이야기를 하곤 했다.

어쩌면 생일 파티와 비슷하다고도 할 수 있다. 그 사람의 탄생을 기억해 주는 동시에 "오래오래 사세요!"라고 말하는 생일 파티 같은 것이다. 그렇다면 예수님의 생일 파티란 말인가? 아니다. 어떤 면에서 그것은 우리의 생일 파티다. 어쨌든 우리는 매주 성찬을 나눈다. 왜냐하면 매주 일요일이 예수님이 죽음에서 부활하신 날을 떠올리기 때문이다. 알다시피 우리는 일요일을 '주의 날'이라고 부른다. 그것은 사람들이 생각하는 것처럼 예수님의 죽음이 결코 헛된 죽음이 아니었음을 의미한다. 그분의 죽음은 승리였다. 예수님은 사망과의 맞대결에서 사망을 보기 좋게 때려눕히셨다. 세상에서 당할 수 있는 최악의 사건을 통해 그분은 오히려 최고가 되셨다. 그리고 그 과정에서 우리가 했던 모든 일(내가 과거에 주로 했던 짓들. **당신이** 했던 일은 거론하지 않겠다)을 없애 버리셨다. 떡을 떼고 포도주를 마시는 것은 바로 그 용서를 기념하는 일이다. 얼마나 놀랍고 감격적인가! 성찬을 나눌 때마다 나는 아주 이상한 느낌이 든다. 마치 행동으로 말하고 있는 듯한 느낌, 그러니까 성찬을 나누는 행동으로 주변 세상에 외치고 있다는 느낌이 든다. 그러면 예전에 숭배했던 모든 신이 구석에 처박혀 잔뜩 웅크리고 있을 것 같다. 그들은 우리의 성찬을 좋아하지 않는다. 우리가 자기들의 적수가 되었음을 아는 것이다. 가끔은 우리에게 반격을 가하기도 한다(감옥에 갇힌 그 유대인은 많은 사람이 자기 신에게 등을 돌리고 하나님께 돌아오는 시점에 매우 힘든 시간을 보냈다고 한다). 하지만 그들이 우리에게 무슨 짓을 한다 해도, 심지어 끔찍한 일이 생기고 지진과 전쟁과 그 무엇이 닥친다 해도, 예수님은 우리와 함께하신다. 그러니 모두 잘될 것이다. 정말로 잘될 것이다.

아, 한 가지 더 말해 둘 것이 있다. 이건 진짜 신기한 일이다. 우리가 오랜 습관에 젖어 했던 일―신전에 다니고 제사를 드리던 그런 일―을 당신도 하고 있다면, 몸에 밴 습관을 하루아침에 끊기는 힘들 것이다. 하지만 우리가 나누는 식사에 한 번만 참여해 보라. 희한하게도 세상이 달라 보일 것이다. 예전처럼 술 마시고 신전 종사자들과 음탕한 행동을 할 마음이 싹 달아날 것이다. 과거 우리가 그랬던 것처럼, 장사를 하면서

남을 속인다든지, 뇌물을 주고받는다든지, 가난한 사람을 멸시하는 마음도 사라질 것이다. 그건 마치(사실 예전에는 우리도 신들을 먹고 마신다고 생각했지만 이건 좀 다른 차원이다), 뭐랄까, 예수님이 우리 안에 실제로 살아 계시는 것만 같다. 무섭다고? 일단 내 말을 믿어 보는 것이 좋다. 예수님이 우리 안에 살아 계신다는 말은 우리가 그분이 원하시는 대로 안 하면 그분이 우리를 커다란 막대기로 때리거나 괴롭하신다는 의미가 아니다. 오히려 예수님이 우리를 지극히 사랑하셔서 우리가 그분과 같이 되어 그분의 뜻대로 행하기를 원하신다는 의미에 가깝다. 마치 예수님이 우리 안에 숨결을 불어넣으시는 것과 비슷하다고 해야 하나. 듣자 하니 유대인들은 하나님의 숨결 혹은 하나님의 바람에 대해 말한다. 이제야 그 말의 뜻을 조금 알 것 같다.

예수님이 무엇을 원하시는지 어떻게 알 수 있을까? 일단 하나님의 숨결, 즉 그분의 영을 감지하면 된다. 우리를 인도하고 주의를 환기시키며 다른 길이 아닌 이 길로 가도록 하시는 것을 감지하면 된다. 하지만 그것이 다가 아니다. 우리가 이 식사를 나눌 때마다 글을 읽을 줄 아는 사람이 예수님에 대한 기록들을 읽고 그분에 대한 이야기를 해 준다. 그 기록은 예수님이 돌아가신 후에 그분의 제자들이 썼다고 한다. 예수님은 아주 다양하고 많은 것을 이야기하셨는데, 그 모든 말씀에 하나같이 깊은 의미가 담겨 있다. 대체 누가 그 모든 것을 기록했을까? 이름은 정확하게 기억나지 않지만 Q로 시작하는 이름이었던 것 같다. 아니면 내가 꿈을 꾸었는지도 모른다. 어쨌든 중요한 건 그것이 아니다. 예수님이 하신 모든 말씀은 나를 변화시켰고 앞으로도 변화시킬 위대한 이야기의 작은 조각들과 같다. 모든 것이 완벽하게 맞아떨어진다. 예수님의 이야기, 유월절 만찬, 유대인의 하나님, 우리의 이상한 새 가족들까지. 나는 어느새 새사람이 되었다는 느낌이 든다. 완전히 새로운 사람.

이 식사를 무엇이라고 부르는가? 사실 정식으로 부르는 이름은 없다. 그냥 모여서 먹는다. 우리는 그저 함께 떡을 나눠 먹자고 말한다. 그러니까 '떡 나누기', 뭐 그런 식으로 불러도 좋을 것이다. 가끔은 우리 사이에서 '나눔'(the sharing)으로 통하기도 한다. 예수님과 나누고 다른 이들과 나눈다는 뜻이다. 또는 '감사의 식사'(the thank-you meal)라고도 한다. 예수님이 제자들과 이런 식사를 하실 때마다 하나님께 '감사합니다'라는 기도로 시작하셨기 때문이다. 우리 가족의 일원이 된 마을의 어떤 유대인은 '주님의 잔치'(the Lord's feast)라고 부른다. 무엇이라고 부르느냐가 중요한 것이 아니다. 중요한 것은 우리를 하나로 묶어 준 그것이다. 매주 기도할 힘을 주고, 남다른 삶을 살 수 있게 하고, 어디를 가든 하나님이라는 신을 발견하게 하는 바로 그것이다. 대체 그것이 무엇이냐고? 궁금하면 다음 주에 직접 참여해 보면 어떻겠는가? 내가 빌레몬에게 미리 말해 놓겠다. 아무쪼록 거기서 만나자.

토론과 성찰을 위한 질문

- 예수님을 기억하면서 떡과 포도주를 나누는 것이 초기 그리스도인들에게는 어떻게 과거와 미래를 연결해 주었겠는가?

- 당신이 예수님을 따르기로 한 이래로 당신의 삶의 방식에서 긍정적 변화들이 있었는가?(그렇지 않다면, 어떤 변화들이 있어야 하겠는가?)

2부

감사의 잔치

7
성찬의 현주소

우리가 모여 앉아서 지금까지 한 이야기들을 전부 행동에 옮긴다면 어떤 일이 일어날까?

그리스도인을 포함한 많은 현대인은 이러한 기독교의 핵심 의식의 유래와 의미를 제대로 알지 못한다. 학자들—신학자, 역사학자 등—을 비롯한 수많은 사람이 기독교 의식의 세부 사항들을 놓고 의견이 분분했다. 이 세부 사항들 중 일부는 중요하며, 의문도 언제나 존재할 것이다. 하지만 가장 중요한 핵심 사실은 다음과 같다. 오늘날 그리스도인들이 모여서 떡을 떼고 포도주를 마시는 행동이 기독교의 핵심 의식이며, 그 의식은 1,900여 년 전 터키의 작은 교회와 우리를 단단히 연결해 주고 궁극적으로는 예수님이 잡히시던—배반당하시고, 버림받으시고, 체포되시고, 재판받으시고, 조롱받으시고, 처형당

하시던—날 저녁에 그 다락방에 모인 예수님과 제자들과 우리를 연결해 준다. 또한 우리를 전 세계의 거의 모든 그리스도인과 하나로 묶어 준다('거의'라고 한 이유는 구세군처럼 여러 가지 이유로 성찬식을 거행하지 않는 그리스도인들도 있기 때문이다).

현대를 살아가는 우리가 그 이야기에 동참하는 방법은 무엇일까? 하나님의 그 놀라운 선물을 이해하고 적절하게 사용하는 방법은 무엇일까? 그 선물을 최대한 누리기 위해서는 어떻게 해야 할까?

왜 그 특별한 식사가 그토록 논란의 대상이 되었을까? 왜 사람들은 그 의미와 기념하는 방식을 놓고(심지어 무엇이라고 부를지에 대해서도) 논쟁을 벌일까? 7장과 8장은 바로 그 이야기를 하려고 한다.

그럼, 곤란한 이야기부터 해 보자. 왜 이 식사, 혹은 그 상징적 식사가 논란의 대상이 되었을까?

사실 상징적 행동이 얼마나 위력적인지를 알면 그리 놀랄 일도 아니다. 한번은 글래스고의 한 축구 선수가 피리 부는 시늉을 했다가 폭동이 일어날 뻔했던 적이 있었다. 내막을 밝히자면 이렇다. 그가 속한 축구팀은 스코틀랜드와 아일랜드 개신교와 관련이 있었다. 그곳의 개신교인들은 수백 년 전 로마 가톨릭과의 싸움에서 승리한 것을 기념하기 위해 지금도 피리를 불며 거리를 행진한다고 한다. 반면에 상대 축구팀과 그 응원단은 전통적인 로마가톨릭에 속해 있었다. 상징적 행위란 위협적일 정도로 그 힘이 강력하다(물론 로마가톨릭 교인들도 개신교인들을 자극하는 그들만의 상징적 행위를 갖고 있다).

상징은 하나의 행동이나 말, 혹은 의식으로 표현되어 한편의 사람들에게는 기쁨과 동질감을 주는 반면 반대편의 사람들에게는 아픔과 이질감을 줄 수 있다. 상징이나 상징적 행동이 제대로 설명되지 않으면(상징을 제대로 설명하기는 쉬운 일이 아니다), 사람들은 그 의미를 완전히 오해해서 자신들이 배척을 당하거나 위협을 받는다고 느낀다.

안타깝게도 성찬에서 바로 그런 일이 일어났다. 같이 먹고 마실 때마다 모든 그리스도인이 하나가 됨을 선포해야 할 그 특별한 식사가 오히려 많은 경우에 분열의 상징이 되어 버렸다. 신문들은 교회에서 벌어진 불미스러운 사건들을 전하기에 바쁘다. 어떤 한심한 목사가 교회 헌금을 유용했다느니, 불륜을 저지르다 현장에서 붙잡혔다느니 말이 많다. 하지만 진짜 불미스러운 사건은 성찬이 기독교 연합의 상징이 아니라 불화의 상징으로 전락해 버린 일이다. 불행하게도 그 배후에는(적어도 서구 사회에서는) 구교와 신교의 분열이 결정적 요인으로 자리 잡고 있다. 성도들은 성찬식을 어떻게 거행하는가에 따라

이편저편으로 나뉘었고 이단으로 낙인을 찍기까지 했다. 심지어 성찬을 부르는 명칭에 의해서도 나뉘었다.

자, 그럼 명칭부터 이야기해 보자. 안 그러면 이것을 무엇이라고 부를지부터 막연해진다. 예전 믿음의 선배들은 네 가지 명칭을 사용했다. 첫째는 당신도 알다시피 간단하게 '떡을 떼기'(the breadbreaking)라고 불렀다. 사도행전에 나오는 초기 그리스도인들은 한자리에 모여서 '떡을 떼었다'고 한다. 그 말이 단순히 '함께 식사를 했다'는 의미는 아닐 것이다. 그것은 예수님과 그분의 죽음을 의미하는 '떡을 떼기'였다.

둘째 명칭은 '나눔'(the sharing)인데, 헬라어로는 '코이노니아'(koinonia)라고 한다. 아마 독자들도 들어 보았을 것이다. 이 단어를 '친교'(communion)라고 번역할 때도 있다. 우리가 예수님의 죽음과 부활을 나누며 그분과 거룩한 친교를 도모한다는 뜻이다(아울러 성찬을 나누는 성도들끼리 거룩한 친교를 도모한다는 뜻도 담겨 있다). 하지만 성도들은 여러 가지 방식으로 '친교'를 나누기 때문에, 성찬에서는 특별함과 구별됨을 뜻하는 '거룩'이라는 단어를 덧붙여 '거룩한 친교'라고 부르기도 한다.

셋째 명칭은 '감사의 식사'(the thank-you meal)다. 예수님은 언제나 하나님께 "감사합니다"라고 말씀하셨다. 따라서 떡을 떼고 포도주를 마시는 그리스도인들도 예수님을 통해 하나님이 이루신 일에 대해 "감사합니다"라고 말하는 것이다. '감사합니다'는 헬라어로 '유카리스토'(*eucharisto*)라고 한다. [그리스 사람들이 현대 그리스어로 '에파리스토'(*efaristo*)라고 말하는 것을 들어본 적이 있을 것이다.] 초기 그리스도인 중에는 성찬을 '유카리스트'라고 부르는 사람들이 있었다. 아마 현재 전 세계적으로 가장 많이 사용하는 명칭이 바로 '유카리스트'일 것이다.

넷째 명칭은 '주님의 식사'(the Lord's Meal), 혹은 '주의 만찬'(the Lord's Supper)이다. 사실 '만찬'이라고 하기에는 애매한 부분이 있다. 만찬은 보통 **저녁** 식사를 의미하는데, 예전에도 그렇고 지금도 그렇고 유월절 식사는 대개 저녁이 아니라 아침에 일어나자마자 한다. 하지만 원래 예수님과 제자들이 나눴던 마지막 식사가 만찬이었고 우리가 하는 성찬도 그날의 식사를 기념하는 것이기에 그 나름의 의미가 있다고 볼 수 있다.

다섯째 명칭은 다소 늦게 사용되기 시작했다. 그것은 기독교가 로마에 전파되고 성찬식이 라틴어로(로마에 살았던 대부분의 그리스도인은 적어도 2세기까지는 헬라어를 모국어로 사용했다) 정기적으로 거행되기 시작할 때 집례자가 마지막에 "자, 이제 끝났으니 세상으로 가십시오"라고 했던 말에서 유래되었다. 뒤에서 더 자세히 이야기하겠지만, 그것은 전체 예식 중 참여자에게 강한 영향을 끼치는 부분이다. 예수님의 죽음과 부활을 먹고 마신 사람들은 주님을 위해 세상을 섬길 준비가 된 것이 아닌가? 그 말이 라틴어로 '이테 미사 에스트'(*ite missa est*)이다. 이 말에서 오늘날의 '미사'가 유래했고, 예수님의 식사는 세상으로 파송한다는 사명 수여로 끝을 맺는다.

이러한 명칭들이 수 세기에 걸쳐 기독교의 여러 교파에서 사용되면서, 각각의 명칭은 다양한 의미를 지니게 되었다. 바로 그런 각기 다른 명칭, 각기 다른 해석, 각기 다른 개념이 성찬을 둘러싸고 우후죽순처럼 생겨남으로써 격렬한 논란을 불러일으켰고, 더 나아가 기독교를 가장 하나 되게 만들어야 할 의식은 가장 분열하고 대립하게 만드는 요인이 되어 버렸다. 그 이후의 이야기는 다음 장에서 계속하기로 하자.

토론과 성찰을 위한 질문

- 당신에게 특별한 의미를 지닌 어떤 상징이 있는가? 그 상징이 다른 사람들에게도 같은 의미를 가지는가? 아니면 다른 의미를 가지는가?

- 오늘날 대부분의 사람들이 '유카리스트'라고 부르는 것에 대해 사용되는 여러 다양한 이름들을 생각해 보라. 그중에서 어떤 것을, 왜 특별히 좋아하는가?

8
잔치와 잔치들

예수님의 식사(Jesus-meal, 이 책에서는 어떤 교파의 색깔도 띠지 않는 이런 색다른 이름으로 부르도록 하겠다)는 주후 50년대 중반 바울이 고린도전후서를 썼을 때부터 이미 기독교 신앙의 핵심으로 자리매김했다. 그때는 예수님이 죽으시고 부활하신 지 20여 년밖에 지나지 않은 시점이었다. 그 사건이 바울의 사상에 얼마나 깊이 박혀 있는지는 떡과 포도주를 나누는 행동을 가리켜 "주의 죽으심을 그가 오실 때까지 전하는 것이니라"고 한 말에서 느낄 수 있다. **행동으로 말한다는 것이다.**

이 상징을 만지라. 그러면 당신은 신경 중추를 만진 것이다.

초대교회 이후 몇백 년 동안은 예수님의 식사(성찬, 유카리스트, 만찬, 미사)가 정기적으로 거행되었고, 그로 인해 여러 가지 해석이 등장하기 시작했다. 2세기 초, 안디옥의 주교였던 이 그나티우스(Ignatius)는 바울의 사상을 발전시킨 초기 인물 중 하나였다. 그는 예수님의 식사를 가리켜 '불멸의 약'이라고 불렀다. 그와 비슷한 시기에 『디다케』(Didache, '가르침')라는 책에서는 떡과 포도주를 놓고 어떤 기도를 해야 하는지에 대해 설명했다. 사람들은 예수님이 최후의 만찬에서 하셨던 말씀을 그대로 반복해야 한다고 생각하지 않았다.

2세기 말경에는, 기독교가 로마 세계에까지 전파되면서 예수님의 식사가 로마 사람들이 이전에 믿던 이방 종교의 제례 식사를 대체하게 되었다. 사도 바울은 주님의 식사에서 어떤 일이 일어나는지 설명하기 위해 진작부터 이방 종교의 제례 식사 용어를 빌려 썼다.

그와 동시에, 많은 기독교 지도자가 자신들의 유대 혈통을 의식해서 유대 언어와 이미지들로 기독교 신앙과 삶을 묘사하려 했다. 반(反)유대적 교사들에게 반발한 기독교 주류 교파들은 그리스도인들이 '새로운' 가족이 아니라 구약 시대 하나님의 백성이 전 세계적으로 확대된 것이라고 주장했다. 유대의 역사가 곧 기독교 역사의 시작이었다는 것이다.

그와 같은 이유에 다른 이유들까지 겹쳐, 주님의 식사를 집례하는 사람을 '사제'(priest, 제사장)라고 부르기 시작했다. 물론 이 호칭을 사용하는 사람들은 기독교 사역자들이 이방 종교나 유대교의 제사장과 같지 않다는 것을 알았다. 어쨌거나 그리스도인들은 동물 제사를 드리지 않는다. 하지만 초기 기독교 성찬 집례자의 호칭은 일찍부터 '사제'로 굳어졌다. 모든 사람이 그들이 실제 제사장은 아니라는 것을 알았지만, 은유적으로 '희생 제사'를 드리는 일종의 '사제'라고 생각했던 것이다. 말하자면 예배를 인도한다는 의미에서 자연스럽게 그런 이름이 붙여졌다고 할 수 있다[복잡하지만, 사제를 뜻하는 영어 단어 'priest'는 헬라어 '프레스뷔테로스'(presbyteros)와 라틴어 '프레스뷔테르'(presbyter)에서 파생되었고 그 단어들은 '장로'를 뜻한다].

예수님의 식사가 이어져 온 내력을 상세히 설명해야 할 경우도 있겠지만, 여기서는 간단히 설명해 보기로 하자. 이후 수천 년 동안 '사제'는 지역 교회의 낯익은 인물이 되었고 기독교 국가에서 사제가 수행하던 핵심 역할 중 하나는 '미사'라는 이름의 희생 제사를 집례하는 일이었다. 떡과 포도주는 곧 예수님의 몸과 피였다. 그 의미를 설명하기 위한 학술적 이론들이 개발되었지만, 일반 성도들에게 성찬은 그저 사제가 행하는 기적이었다. 그들은 하나님의 은혜, 용서, 구원을 받기 위해 사제가 나누어 주는 떡과 포도주에 의존했다. 그러므로 사제의 권력이 막강할 수밖에 없었다.

서구권의 성도들은 여러 가지 이유로 그것이 타당하지 않다고 결론 내렸다. 예수님의 말씀은 물론이고 초대교회의 신학과 신약성경에도 어긋났기 때문이다. 유럽의 마르틴 루터(Martin Luther)와 장 칼뱅(John Calvin), 스코틀랜드의 존 녹스(John Knox), 영국의 윌리엄 틴들(William Tyndale)과 토머스 크랜머(Thomas Cranmer) 등이 이끌었던 16세기 종교개혁은 기독교가 예수님과 신약성경으로 돌아가야 한다고 주장하면서 각기 다른 방식으로 개혁을 시도했다. 물론 그들에게는 각자의 사상과 복합적 동기가 있었고 서로의 주장에 언제나 동의했던 것은 아니다. 그러나 대략 다음의 사항들에는 동의했다.

성경은 모국어로 읽어야 한다. 예배 역시 모국어로 드려야 한다. 특히 예배의 핵심 부분은 자신의 언어로 표현되어야 한다. 그리스도인이 된다는 것은 기본적으로 하나님에 대한 믿음으로 되는 것이지 '선행'으로 하나님의 인정을 받아 되는 것이 아니다. 하나님은 인간의 구원에 필요한 모든 것을 이미 예수님 안에서 영단번에 이루셨다(이신칭의). 그리스도인은 죽으면 '연옥'에 가는 것이 아니다. 그리스도인은 자신의 영혼을 위해 지속적인 '미사'를 드릴 필요가 없다. 모든 그리스도인은 하나님 앞에 평등하다. 성직자는 단지 특별한 직업을 가진 보통 사람일 뿐이다. 그리스도인이 되는 순간 이 모든 것, 아니 그 이상의 것이 한꺼번에 이루어졌다.

그 중심에 예수님의 식사가 있었다. 예수님의 식사는 성직자가 중언부언하는 의식도, 연옥에서 빠져나오기 위한 수단도 아니었다. 하나님의 인정을 받기 위해 성도들이(혹은 성직자가) 반드시 '해야' 할 선행이 아니었다. 그렇다고 희생 제사라고 할 수도 없었다. 예수님은 구원을 위해 영단번에 돌아가시지 않았는가? 떡과 포도주를 예수님의 진짜 몸과 피라고 하는 것은 우상숭배였다(12장을 참고하라). 사람들은 성경 말씀을 듣고 그 뜻을 이해하며, 믿음으로 하나님의 은혜가 마음속에 역사하게 하고, 초대교회의 단순한 신앙으로 돌아가면 되었다. 교회와 사제들과 교황은 너무나 부유했고, 너무나 권력이 막강했으며, 너무나 세속적이었다. 수 세기 전 성 프란체스코(St Francis)가 그랬던 것처럼, 로마가톨릭에 남아 있는 수많은 사람도 그 사실을 전적으로 수긍했다.

종교개혁이 성공을 거두기 위해서는 정치적 변화가 불가피했다. 종교는 사적인 문제가 아니었기에(그것이 18세기의 현실이었다), 종교개혁의 여파는 사회 전역에 영향력을 미쳤다. 어마어마한 사회 문화적 변화가 유럽을 휩쓸었다. 가톨릭과 개신교, '미사'와 '성찬'의 분리는 지역 사회 간의 뚜렷한 차이를 상징하게 되었다. 양쪽 모두 잘못된 것을 믿었다는 이유로 상대편을 화형에 처했다. 전쟁도 벌어졌다. 이후에는 끔찍하고 거대한 집안싸움이 벌어진 것처럼, 오랜 기간 할 말도 할 일도 없는 듯 보였다. 양쪽 모두 마음이 상했고, 그 잔혹상을 기억했으며, '상대'가 1킬로미터를 나오지 않으면 1센티미터도 양보하지 않았다.

불행히도 그런 분위기는 오늘날까지 이어지고 있다. 한 가족으로서 나누어야 할 식사, 이 세상에 한 분의 하나님과, 한 분의 주님과, 한 분의 성령님이 계심을 선포해야 하는 그 식사를 수많은 그리스도인이 그런 분위기 속에서 기념하고 있다. 다가오는 시대에는 우리 가족들의 상처가 치유되길 바란다면 무리한 기대일까?

토론과 성찰을 위한 질문

◦ 오늘날 '사제'라는 단어는 어떻게 이해되고 있는가? 과거에 '제사장'이 어떤 존재이고 무슨 일을 한다고 여겼던 것과는 어떻게 다른가?

◦ 종교개혁으로 일어난 변화들이 그 시대에는 폭력을, 그리고 이후에는 그리스도인들 사이의 지속된 논쟁을 낳은 이유가 무엇이라고 생각하는가?

9

하나님의 시간을 살기

성찬식에서 가장 이해하기 힘든 부분은 시간을 다른 각도에서 바라보아야 한다는 점이다. 자, 이렇게 생각해 보라.

당신이 고등학생이라고 하자(학생이 아니라면 상상만 해 보라). 학교에 입학했던 첫날부터 언젠가 졸업을 해서 학교를 떠나 세상으로 나갈 그날까지를 생각해 보라. 그런 식의 시간 개념에는 기차가 선로 위를 달리듯 처음이 있고 중간이 있고 끝이 있다. 당신은 지금 중간 어딘가에 있을 것이다(달리는 기차에 비유하면 목적지가 더 아득해 보이겠지만).

입학 첫날을 회상해 보라. 설레기도 하고 약간 두렵기도 했을 것이다. 새 옷, 새 신발, 새 가방, 새 볼펜, 새 필통, 게다가 새 공책까지. 모든 것이 새로운 시작임을 말해 주었을 것이다. 당신은 새로운 사람이 된 것이다.

이번에는 마지막 날을 생각해 보라. 언젠가 학교를 떠나야 할 날이 올 것이고, 졸업장을 따서 세상에 나가 새로운 인생을 살고 싶을 것이다. 졸업하고 10년, 12년, 적어도 14년 안에는 당신이 정한 목표에 도달하게 될 것이다.

그럼, 지금은 어떠한가? 오늘 그리고 다음 주 월요일은 평상시처럼 학교 가는 날에 불과해 보인다. 중간쯤에 와 있으므로 첫날의 설렘이나 마지막 날의 감동과는 거리가 먼 듯하다. 하지만 지금 이 순간은 첫날과 마지막 날이 있기에 가능한 것이다. 오늘 당신이 학교에 다닐 수 있는 것은 학교에 입학한 첫날이 있었기 때문이고 학교를 졸업할 마지막 날이 올 것이기 때문이다. 기억이 살아나고, 과거가 당신 곁으로 온다. 마찬가지로 희망도 삶을 변화시킨다. 미래가 당신을 맞이하러 오는 것이다. 과거와 미래는 현재에 의미를 부여한다.

이해하기 힘들겠지만 들어 보라. 그리스도인은 예수님 안에서 **하나님의 미래가 현재로 달려와 우리 곁에 온다**고 믿는다. 단순히 우리가 칙칙폭폭 거리며 선로 위를 달려 먼 목적지를 향해 계속 나아간다는 말이 아니라, 어느 순간 **다른 기차가 그 목적지에서 우리를 향해 다가오는 것**을 발견한다는 말이다. 신약성경의 핵심은 하나님이 성육신하신 예수님을 통해 그리고 그분의 죽음과 부활을 통해 세상에 대한 그분의 비밀

계획을 드러내셨다는 사실이다. 예수님은 '하나님 나라'가 지금 이 순간에 이루어졌다고 선포하셨다. 하지만 그 나라는 사람들이 기대했던 그런 나라가 아니었다. 심지어 어떤 사람들에게는 그 나라가 같은 선로 위를 달려와 자신들과 충돌하여 모든 소망을 산산조각 내 버리는 기차처럼 느껴졌다. 그러나 부활절 아침에 다시 살아난 소망은 그 나라가 원래 하나님이 구상하셨던 바로 그 나라임을 재확인시켜 주었다. 그리고 그것이 기독교의 시작이었다. 우리가 모든 것의 시작점이라 여길 수 있는 과거의 지점은 바로 그 순간이었다. 이해하겠는가? 하나님의 **미래**가 예수님 안에서 **현재**로 들어왔고, 그것은 우리 **과거**의 일부가 되었다.

어떤 의미에서 하나님의 미래가 현재의 우리 곁에 온다고 할 수 있다면, 또 어떤 의미로는 하나님의 과거가 우리 곁으로 온다고 할 수도 있다. 우리가 철도 중간의 간이역에 멈춰 설 때마다 처음 출발점에서 급행열차 한 대가 빛의 속도로 달려와서 우리와 함께하며 우리가 어디에서 왔는가를 일깨워 준다. 이는 우리의 **과거**에 일어났던 그 중요한 사건이 언제나 하나님의 **미래**의 일부분이었기 때문이며, 그 과거가 우리의 변화무쌍한 **현재**에 거듭거듭 우리에게 달려오는 것은 전혀 어려운 일이 아니기 때문이다(이야기가 갈수록 복잡하고 난해해진다는 것을 나도 안다. 나보다 더 쉬운 방법으로 설명할 수 있는 독자가 있다면 좋겠다). 우리는 다락방 만찬에서 출발하여 하나님의 신세계에서 펼쳐질 위대한 잔치를 향해 나아가고 있다. 갈보리와 부활절의 승리에서 출발하여 사망이 사망하는 최후의 승리를 향해 나아가는 것이다(고전 15:26). **우리는 각 정거장마다, 즉 예수님의 식사를 기념할 때마다 하나님의 과거가 우리에게 달려오고 하나님의 미래가 우리를 만나러 오는 것을 발견하게 된다.**

이 모든 사실을 깔끔하게 정리한 것이 고린도전서 11:26이다. "너희가 이 떡을 먹으며 이 잔을 마실 때마다 주의 죽으심을 그가 오실 때까지 전하는 것이니라." 현재의 이 순간("때마다")은 과거의 한 가지 사건("주의 죽으심")과 연결되어 있는 동시에 예수님의 자비로운 통치 아래 하나님의 세상이 새로워질 미래("그가 오실 때")와도 연결되어 있다. 과거와 미래가 함께 현재로 흘러들어 '지금'이라는 작은 병에 의미의 바닷물을 쏟아 붓는 것이다.

그렇다면 교회를 뒤흔들었던 모든 의문과 문제에 그 사실이 어떤 해답을 준다는 말인가?

토론과 성찰을 위한 질문

○ 과거와 미래가 당신이 현재 하는 일에 의미와 목적을 제공하는 사건이나 시기가 당신 생애에 있었는가?

○ 당신의 삶에서 과거에 발생했고 미래의 어느 시점에서만 그 전체 의미를 발견할 현재의 어떤 일을 떠올려 볼 수 있는가?

10
주의 죽으심의 과거와 현재

당신은 몇 번이나 죽을까? 바보 같은 질문이다. 당신은 "물론 한 번이죠"라고 대답할 것이다. 그러고 나서 다시 '아니, 어쩌면 죽지 않는다고 해야 하나? 많은 종교가 죽음 이후에 다른 생물의 형태로 환생한다고 하지 않는가?'라고 생각할 수도 있다. 어쩌면 당신은 다음 생에 개구리나 소로 태어날지도 모른다. 어떤 코끼리는 아마 왕가의 아기로 태어날 것이다. 물론 그런 다음에는 얼마간 살다가 다시 죽을 것이고, 그런 다음에 또 태어날 것이고, 또 죽을 것이고…. 서점의 진열장만 휙 둘러봐도 최근에 환생이 다시 유행하고 있음을 금세 알아챌 수 있다.

유대인들은 환생을 믿지 않았다. 인간은 태어나서 한 번 죽으면 끝이라고 생각했다. 예수님 시대에는 여러 가지 내세선이 나돌았지만 사람이 태어났다 죽는 일을 반복한다는 윤회나

환생은 상상조차 하지 않았다. 탄생과 삶과 죽음을 일직선으로 생각했지 순환한다고 생각하지 않았다.

종교개혁가들이 중세 가톨릭에 반기를 들고 나섰던 이유는 그들이 기독교를 왜곡한다고 보았기 때문인데, 그들은 삶과 죽음이 반복된다고 보는 당시 가톨릭의 윤회 사상, 특히 예수님께 적용된 윤회 사상에 맞서 생사를 일직선으로 보는 유대적 견해를 주장했다. 미사를 드릴 때마다 예수님이 다시 십자가에서 돌아가신다는 중세 가톨릭의 주장(가톨릭의 공식 가르침이라기보다 당시 많은 사람이 갖고 있던 생각이었다)에 종교개혁가들은 강하게 반발했다. 가톨릭의 견해는 말하자면 성찬의 떡은 실제 예수님의 몸이고, 그 떡을 떼는 행위는 그분의 죽음을 의미해서 성찬 때마다 구속의 희생 제사가 재연된다는 것이었다. 사제는 하나님의 은혜와 용서를 받아 내는 역할을 하는 셈이었다. 그래서 사제는 '제단'(때로는 돌로 만들어진) 위에 올라가 성찬을 행했고 '제사' 예복을 입기도 했다.

종교개혁가들은 그에 맞서 세 가지를 강조했다. 이 장은 주로 (1)과 (2)에 대한 이야기인데, 일단 지금은 (3)에 대해 이야기할 것이다. (1) 하나님의 은혜와 용서를 얻기 위해 우리가 할 수 있는 일은 아무것도 없다. (2) 예수님의 영단번의 희생에 의해 구원이 이루어졌고 그것은 다시 반복될 수 없으며 반복될 필요도 없다. (3) 예수님은 성찬의 떡을 통해 물리적으로 현존하시는 것이 아니다. 그래서 종교개혁가들은 '제단'을 강단으로 대체했고 제사 예복을 없애 버렸다. 하지만 성직자들이 입는 가운이나 떡을 뗄 때 사용하는 물건들의 명칭은 오늘날에도 교회의 많은 성도에게 상징적 의미를 지닌다. 그 의미를 제대로 말할 수 있는 사람은 많지 않더라도 말이다.

기독교는 생사에 대한 순환적 관점이 아니라 직선적 관점을 갖고 있다는 종교개혁가들의 주장은 철저히 옳다. 하나님이 예수님 안에서 행하신 일은 모든 시대에 적용된다. 매번 이루어지는 예수님의 식사가 오직 인간의 행동에 불과하고 그것이 무언가 새로운 역사를 일으킨다는 것은 틀린 말이다. 어떤 경우든 인간이 무언가를 해서 하나님의 인정을 받을 수 있다고 한다면 명백히 성경 말씀과 어긋난다. 그것은 다른 종교의 제사 의식에나 해당되는 말이다. 혹 유대인 중에 하나님께 드리는 그들의 제사를 그런 식으로 오해한 사람이 있었을지 모르지만 확실히 단언하기는 어렵다. 성경은 제사라는 것이 천국 상급을 받기 위한, 즉 공적을 쌓으려고 만들어진 인간의 '선행'이 아니라고 못 박는다. 전심으로 드리는 제사는 하나님과 그분의 백성 간의 친교를 다지고 유지하는, 하나님이 허락하신 수단일 뿐이다.

지난 장에서 하나님의 시간을 선로와 기차에 비유했던 것을 기억하는가? 예수님의 죽음과 부활은 하나님의 미래가 현재에 이르렀던 사건이고 그 이후의 모든 일과 순간을 위한 가장 중요한 과거 사건이 되었다. 신약의 한 책이 그 사실을 아름답게 묘사하듯, 십자가야말로 하나님의 진정한 사랑을 고스란히 보여 주는 증표이기에 우리는 예수님을 "죽임을 당한 어린양"(계 13:8)이라고 부를 수 있다. 그런 면에서 볼 때 갈보리 십자가는 과거에 딱 한 번 일어났던 유일하고 결정적인 사건이었음에도 어느 시대 어느 장소를 막론하고 항상 현존한다고 말할 수 있다.

예수님의 식사를 기념할 때마다 과거의 한 사건이었던 예수님의 죽음이 다시 우리에게 오는 것을 깨닫게 된다. 물론 그분의 희생이 재연되는 것은 아니다. 하지만 유대 성전이나 이방 종교에서도 제사가 끝난 뒤에는 잔치를 벌였다. 우리가 기념하는 예수님의 식사도 유일한 한 번의 희생 제사 뒤에 오는 잔치인 것이다.

우리는 예수님의 희생을 재연해서도 안 되고 **다른 형태의** 희생 제사를 드려서도 안 된다. 종교개혁가들은 예수님을 또다시 희생시키지 말라고 역설하면서도 때로는 하나님께 '감사와 찬양의 희생 제사'를 드리자고 말했다(몇몇 정례 성찬 기도에

들어 있다). 어떤 이들의 눈에 그것은 종교개혁가들이 비난했던 가톨릭의 행태를 그대로 따라 하는 것처럼 비쳤다. 즉 예수님의 영단번의 완전한 희생 제사에 또 다른 제사를 더한다는 것이었다. 하지만 감사의 제사는 어느 모로 보나 성경적이다(히 13:15-16). 하나님의 은혜를 **받아 내기** 위해서가 아니라 그 은혜에 감사하기 위해 드리는 제사이기 때문이다.

그러므로 예수님의 식사에는 희생 제사와 잔치와 감사가 모두 들어 있다. 우리가 앞으로 가던 발길을 멈추고 성찬을 거행할 때마다 영단번의 반복될 수 없는 과거의 희생 제사가 우리에게 온다. 잔치는 그 유일한 희생 제사에 속하는 것이며, 그 희생 제사와 함께 벌어지는 한에서만 의미를 가진다. 우리가 드리는 감사는 값없이 받은 은혜에 표하는 당연한 고마움이다. 이 사실을 이해한다면 예수님의 식사에서 드리는 수많은 기도가 무슨 뜻인지 깨닫게 될 것이다.

특히 "이것을 행하여 **나를 기념하라**"고 하신 아리송한 말씀의 의미가 이해될 것이다. 그 말씀은 단지 예수님과 그분의 죽음을 '기억하라'는 의미가 아니다. 믿음과 사랑과 경외심으로 갈보리 사건을 마음과 생각 속에서 회상하라는 의미만도 아니다(물론 예수님의 식탁에 나아올 때마다 그런 일들도 해야 하지만). 어떤 면에서 그 말씀은 예수님이 현존하신다는, 즉 그분의 일

회적 죽음이 현재 우리와 함께한다는 뜻이다. 과거의 한 사건이 현재로 흘러들어 와 우리와 동행하는 것이다.

대체 어떻게 예수님이 지금 '현존'하신다는 말인가? 그 질문에 대답하기 위해서는 먼저 예수님의 식사가 어떤 식으로 미래를 가리키는지 살펴보아야 한다. 예수님의 죽음을 "그가 오실 때까지" 전하자고 한 바울의 이야기도 설명해 보겠다.

토론과 성찰을 위한 질문

- 왜 요한계시록 저자는 예수님을 "창세 이후로" 죽임을 당한 어린양으로 이야기하는가?

- 히브리서 10:1-18을 읽어 보라. 저자는 왜 예수님이 "단번에" 제사로 드려졌다는 것을 강조하는가?

11
미래를 맛보기 위해

이스라엘 백성이 약속의 땅에 들어가기 위해 광야를 방황할 때 모세는 가나안에 정탐꾼들을 파견했다(민 13장).

하지만 그것은 재앙이었다. 각 지파에서 선출된 열두 명의 정탐꾼 중 열 명이 간담이 서늘해져 돌아왔다. 열 명의 정탐꾼이 말했다. "그곳의 주민들은 강합니다. 아주 장대한 거인들입니다. 우리가 메뚜기같이 느껴질 정도입니다. 그들이 사는 도시는 철옹성입니다. 우리는 도저히 그곳을 점령할 수 없을 겁니다." 오직 두 명의 정탐꾼, 갈렙과 여호수아만이 그 말에 동조하지 않았다. 하지만 그 소식을 들은 이스라엘 백성은 가나안에 올라가기를 거부했다. 어쩔 수 없이 하나님은 그 세대가 전부 죽을 때까지 광야를 배회하게 하셨고 여호수아와 갈렙만 살아서 약속의 땅에 들어가게 하셨다.

하지만 그 슬픈 이야기에서도 한 가닥 희망을 엿볼 수 있다. 말라 버린 강바닥에 도착했을 때, 정탐꾼들은 그곳에서 자라고 있는 포도송이를 보게 되었다. 포도송이 하나가 얼마나 크고 무거운지 정탐꾼 두 명이 막대기에 꿰어 메고 와야 할 정도였다. 그들은 그곳을 송이 시내, 히브리어로는 '에스골 골짜기'(*Wadi Eshcol*)라고 불렀다. 그들은 또한 석류와 무화과 열매도 가져왔다. 하지만 약속의 땅에서 가져온 과일도 이스라엘 백성에게 확신을 심어 주진 못했다. 그러나 성경이 보여 주듯 그 과일들은 중요한 희망의 상징이 되었다. 언젠가 그들이 약속의 땅에 들어가면 모든 사람이 먹고 남을 충분한 과일들을 거둘 수 있지 않겠는가!

포도송이 이미지를 앞서 두 장에서 언급했던 기차 이야기, 즉 당신이 가려는 목적지에서부터 당신을 향해 오고 있는 기차의 이미지와 엮어 보라. 우리가 보듯, 하나님의 미래가 인간이 되신 나사렛 예수님의 현재에, 특히 그분의 죽음과 부활에 이르렀다. 예수님 안에서 우리는 하나님이 만드실 새로운 세상이 어떤 세상인지를 엿볼 수 있다. 특히 예수님의 부활을 통해 우리는 새로운 세상을 미리 맛보았다. 새로운 세상에서는 인간의 육체뿐 아니라 전 우주의 상태가 변화해서, 하나님이 그분의 백성에게 부어 주실 영광과 함께 자유를 누리게 될 것이다(롬 8:18-30). 그 영광스러운 미래의 소망에 관해 썼던 바울은 자신의 말을 입증하기 위해 이스라엘이 겪었던 광야에서의 방황을 예로 들었다.

어떤 사람들은 그리스도인의 '약속의 땅'이 단순히 '천국'을 의미한다고 생각한다. 심지어 천국을 다소 따분한 장소로 생각하는 사람도 있다. 얼마나 잘못된 생각인가! 바울서신들에 언급된 그리스도인의 '약속의 땅'은 완전히 새로워진 세상이다. 그 전에 죽는다면, 우리는 '천국', 즉 하나님이 현존하시는 세계로 들어갈 것이다. 그러나 장기적 소망은, '천국'을 비롯해 현재 지구상에 있는 모든 사람이 변화되고 새로운 몸을 입어 하나님이 새 하늘과 새 땅을 만드실 때(예전에 유대인들이 꿈꾸던 세상을 연상시키는 계 21장에서 보듯) 그 새로운 삶에 합류하는 것이다. 그러한 만물의 변화 속에서 우리는 예수님과 실제로 함께 살게 될 것이다. 주님과의 만남을 통해 우리 마음의 모든 소원이 충족될 것이고 그분의 임재와 사랑으로 우리 마음이 충만하게 될 것이다. 신약성경에서는 그러한 사건을 예수님의 '재림'이라고 할 때도 있고 '왕의 강림'으로 표현할 때도 있다. 그렇게 여러 가지 표현을 사용하는 이유는 그 순간을 제대로 전달할 적절한 언어가 없기 때문이다. 어쨌든 그것은 생생한 현실이며 확실하고도 아름다운 순간이 될 것이다.

만일 그곳이 우리의 약속의 땅이라면 정탐꾼들이 우리에게 가져다주는 포도들은 무엇일까? 두말할 필요 없이 많은 것을 의미한다. 신약성경은 성령을 가리켜 우리의 유업을 보증하는 '계약금' 혹은 '보증'이라고 말한다. 바울은 그에 대해 매우 감동적인 말을 했다. 이생의 여정을 끝낸 사람에게 믿음과 소망은 더 이상 필요 없을지라도 사랑은 영원히 지속될 것이라고 말이다. 하나님의 미래로부터 우리를 만나기 위해, 우리를 위해 죽기 위해, 인류 역사 속에서 우리의 시간에 직접 달려오신 분이 예수님이다.

이 모든 것을 하나로 모아 상징적 행위(다시 한번 강조하건대 상징적 행위는 이 세상에서 가장 위력적인 수단 중 하나다)로 나타낸다면 무엇이 되겠는가? 현재 우리가 먹고 마실 수 있는 음식과 음료, 그리고 동시에 미래로부터 우리에게 온 음식과 음료가 아니겠는가. 서로에 대한 사랑으로 나누는 음식과 음료, 하나님의 미래로부터 오신 성령이 우리의 현재를 변화시켜 주시길 기도하며 먹고 마시는 음식과 음료, 예수님의 임재와 사랑을 비롯해 그분의 죽음과 부활을 단적으로 말해 주는 바로 그 음식과 음료인 것이다. 바꿔 이야기하면, 예수님의 식사에서 우리가 나누는 떡과 포도주다. 거룩한 친교, 유카리스트, 주의 만찬, 미사, 떡을 떼기, 어떤 명칭으로 부르든지 이 식사는 하나님의 과거가 주는 의미만큼이나 하나님의 미래가 주는 깊은 의미를 갖고 있다.

그 음식과 음료가 우리에게는 에스골 골짜기의 포도다. 우리의 목적지가 어디임을 말해 주는(겁쟁이들은 그곳에 대해 더 알고 싶어 하지도 않겠지만) 송이 시내의 음식이다. 그것은 우리가 올바른 길로 가고 있음을 확인시켜 주는 음식이며, 우리 안에 선한 일을 시작하신 하나님이 지금 현재 그분 자신의 생명(그분 아들의 생명)으로 우리를 먹이시면서 언젠가 모든 것을 새롭게 하시고 마침내 우리가 예수님 앞에 서는 그날 우리 안에 시작하신 선한 일을 완성하실 것임을 확인시켜 주는 음식이다. 이 식사는 성부 하나님과 예수님과 성령님이 고안하신 것이다. 앞으로 다가올 일들을 맛보게 하기 위해, 현재 먼지 나는 광야에서 방황하는 사람들에게 약속의 땅에서 난 신선한 과일들을 맛보게 하기 위해 고안하신 것이다.

"너희가 이 떡을 먹으며 이 잔을 마실 때마다 주의 죽으심을 그가 오실 때까지 전하는 것이니라"라고 바울은 말했다. 우리는 과거와 미래―하나님의 과거와 하나님의 미래―사이에서 하나님이 주신 소망을 갖고 힘을 내어 가던 길을 계속 걸어가면 된다. 우리에게는 믿음과 소망 사이에 사랑이 있다. 예수님의 임재가 우리 곁에 있기 때문이다.

토론과 성찰을 위한 질문

- 성찬은 왜 희망의 상징인가? 성찬은 무엇을 미리 맛보는 것인가?

- 성찬의 가장 깊은 의미를 하나님의 과거에서뿐 아니라 하나님의 미래에서 찾을 수 있는 이유가 무엇인가?

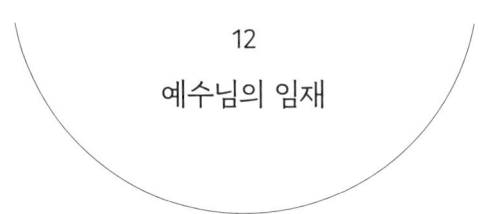

12
예수님의 임재

자, 이번에도 훔쳐보기 놀이를 해 보자. 독일 남부에 있는 한 성에 두 명의 남자가 앉아 있다. 그들은 혁신적이고 중대한 사안을 놓고 첨예한 대립을 벌이고 있다. 두 사람 다 그 문제를 바로잡으려 한다. 그들은 언쟁을 벌인다. 하지만 의견이 맞지 않는다. 결국 둘 중 하나가 손가락에 맥주 거품을 묻혀 탁자에 무언가를 적는다. 상대방은 여전히 동의하지 않는다. 두 사람은 잔뜩 실망한 얼굴로 헤어진다.

그 두 남자는 루터와 츠빙글리(Zwingli)였고, 때는 1529년이며 장소는 마르부르크였다. 그들이 논쟁했던 문제는 성찬식에서의 예수 그리스도의 임재에 관한 것이었다.

두 사람 모두 로마가톨릭 교회가 주장하는 '화체설'(化體說)이 잘못되었다는 데는 동의했다. 사람들은 그것을 오해하는 경우가 많았다. 중세에 유행하던 철학 사상 중에는 물질적 객체가 외적인 물질적 현상과 내적인 '본질'로 이루어졌다고 보는 사상이 있었다. 본질이란 보이고 만져지는 것보다 더 깊은 차원의 실재를 의미했다. 이를테면, 모양이나 맛이나 냄새나 감촉은 틀림없는 떡이라 해도 그 '본질'은 신비한 내적 실재이기 때문에, 사실상 그 떡은 변화되어 예수님의 몸이 된다는 것이다.

루터는 그런 사상에 동의하지 않았지만, 전적으로 반대하지도 않았다. 내적 본질이라는 개념을 인정하면서도 예수님의 몸이라는 본질과 떡이라는 본질 두 가지가 공존한다고 말했다. 반면에 츠빙글리는 떡은 떡일 뿐이며, 떡이 갖는 의의라면 기껏해야 예수님의 몸을 '상징하는' 정도라고 주장했다. 즉, 예수님의 몸을 가리키는 푯말 역할은 할지언정 그 자체가 예수님의 몸이 될 수는 없다고 말했다. 루터는 자신의 주장을 뒷받침하는 강력한 증거로 예수님이 최후의 만찬에서 "이것은 내 몸이다"라고 하신 말씀을 내세웠다. 그는 맥주 거품을 묻혀 탁자에 라틴어로 "이것은 내 몸이다"(*Hoc est corpus meus*)라고 적었다. 그러고는 'est'에 밑줄을 그어 떡은 단순히 그리스도의 몸을 '상징하는' 것이 아니라 그리스도의 몸'이다'라고 했다. 루터파(대부분의 독일인)와 칼뱅파(대부분의 스위스인)에 속한 교회들은 지금도 그 문제에 대해 자신들의 견해를 고수하고 있다.

한편, 루터나 츠빙글리만큼 유명한 인물은 아니었지만 또 한 명의 지식인이 막후에서 같은 문제를 고심하고 있었다. 예수님은 라틴어가 아닌 아람어를 사용하셨는데, 요하네스 외콜람파디우스(Johannes Oecolampadius)는 루터나 츠빙글리보다 히브리어와 아람어에 훨씬 더 능통했다. 예수님이 말씀하신 문장에 '이다'라는 단어가 들어 있지 않음을 그는 잘 알았다. 예수님이 사용하신 아람어를 문자 그대로 직역하면 '이것은-내 몸'이라고 해야 한다. 중간에 있는 붙임표(-)는 논리적으로 해석하기가 쉽지 않다. '이것은'과 '내 몸'이 서로 밀접한 연관성이 있는 것은 분명하지만, 그것을 수학 공식처럼 대입해서 풀이할 수 없고 시험관에 넣어 관찰한다는 것도(과거 일부 합리주의자들이 제안했듯이) 말이 안 되었다.

외콜람파디우스는 초기 기독교 신학자들이 성찬에 대해 쓴 글들을 연구하고 그들의 말을 모아 책으로 편찬했다. 초기 기독교에는 성찬에 대해 다양한 의견이 있었다. 중요한 것은 진정한 믿음으로 주의 만찬(혹은 어떤 명칭으로 부르든지)에 참여하는 사람들이 정말로 '예수님을 먹고 마셨다는' 것이었다. 그들은 예수님의 사랑과 임재, 그분 자신으로 인해 새로운 힘과 자양분을 얻었다. 어떻게 그런 일이 일어날 수 있었는지에 대한 신학적 토대는 중요하지 않았고 중요하다고 해도 그것을 이해하기는 힘들었을 것이다.

여기에서 이런 사소한 교회 역사를 간략히 소개하는 이유는 매우 단순하다. 외콜람파디우스도 다른 사람들과 마찬가지로 당시 영국에서 일어난 일에 큰 영향을 끼친 사람이었기 때문이다. 존 프리스(John Frith)는 윌리엄 틴들의 도움을 받아 처음으로 영어로 주의 만찬에 대한 책을 썼는데, 그 책은 화형을 당하기 전 감옥에 있는 동안 쓴 것으로(1953년), 외콜람파디우스의 저술들을 바탕으로 한 것이다. 비운의 캔터베리 주교 토머스 크랜머도 그 후 20년 동안 그와 같은 저술을 썼다. 그는 영어권의 수많은 그리스도인에게 영향을 끼친 『공동 기도서』(Book of Common Prayer)를 썼는데, 그것은 루터나 츠빙글리의 신학이 아닌 외콜람파디우스의 완숙한 신학의 영향을 받은 것이었다.

크랜머는 자신을 화형으로 몰아간(1556년) 두 가지 견해를 끝내 굽히지 않았다. 그 한 가지는 믿음으로 성찬에 참여하는 사람들이 정말로 '그리스도를 먹고 마신다'는 사실이었고, 다른 한 가지는 성찬에 사용되는 떡은 그냥 떡일 뿐 어떤 식으로도 변화될 필요가 없다는 점이었다. 하지만 그 두 가지 사실이 어떻게 들어맞는지를 설명하는 체계적 이론은 발전시키지 못했다.

  동시대 인물이었던 제네바의 칼뱅은 동방정교회 일각에서 주장하는 것과 유사한 신학 이론에 몰두해 있었다. 그는 성찬에서 어떤 일이 벌어지는가는 사실 천국의 영역에서 일어나는 일이라고 주장했다. 우리가 예수님을 성찬의 식탁으로 끌어내리는 것이 아니라 성령에 의해 우리가 예수님이 통치하시는 천국으로 오른다는 것이었다. 따라서 칼뱅은 성찬의 진짜 기적은 떡에 생기는 어떤 변화가 아니라 예수님이 하나님 우편에 앉아 계시는 바로 그 천국으로 우리가 오른다는 사실이라고 주장했다.

  나는 칼뱅의 주장이 유용하다고 보지만 성찬을 공간의 개념보다는 시간의 개념으로 생각하고 싶다. 앞에서도 말했듯이 예수 그리스도는 하나님의 미래로부터 우리에게 오신 분이다. 최후의 만찬에서 예수님이 하셨던 말씀의 의미는 유월절이 의미하는 바를 드러내는 것이었다. 즉, 떡과 포도주를 먹고 마시며 이스라엘이 이집트에서 탈출한 경험을 회상하고, 마침내 자유롭게 될 미래를 내다보는 것이었다.

  한발 더 나아가 예수님은 역사의 중간에 서서 양팔을 과거와 미래에까지 뻗어 그 모두를 품에 안으셨다. 죽음까지 불사하시면서 말이다. 우리가 그분의 십자가 아래 설 때, 그분의 마지막 식사를 추억하며 성찬 식탁에서 먹고 마실 때, 그분의 유일한 희생 제사의 결과로 제단에서 함께 먹고 마실 때, 그분은 우리와 함께하셔서 우리에게 자신의 몸을 먹이시는 것이다. 에스골 골짜기의 포도송이를 기억해 보라.

또한 하나님이 새로운 세상을 만드실 때 그곳에서의 음식은 예수님 자신이 될 것이라는 점도 잊지 말라. 바로 그것이 요한복음 6장에 나오는 그 위대한 대화의 진정한 의미다. 자, 이 모든 사실을 한데 엮으면 결국 성찬에서 어떤 일이 일어나는 것일까? 첫째로, 우리 앞에 놓인 음식은 하나님이 미래에 우리를 먹이신다는 것을 상징한다. 둘째로, 우리 앞에 놓인 음식은 예수님이 '내 몸'과 '내 피'라고 말씀하셨던 것이다. 셋째로, 성령은 현재에 신비한 방법으로 역사하심으로써 하나님의 새로운 세상에서 누릴 삶을 기대하게 만드신다. 이러한 사실로 미루어 볼 때, 성찬(이야기, 드라마, 행위들, 그리고 무엇보다 기도와 사랑)의 모든 행위 속에서, 성찬 음식은 성령의 신비한 역사를 통해 다가올 세상에서 우리를 먹일 그 음식을 진정으로 고대하게 만든다고 결론 내릴 수 있다. 그 음식의 이름은 바로 '예수님'이다.

토론과 성찰을 위한 질문

◦ 성찬식 중에 떡과 포도주에 무슨 일이 일어난다고 생각하는가?

◦ 예수님은 떡과 포도주에 어떤 방식으로 임재하시는가? 예수님의 임재는 우리에게 어떻게 유익을 주는가?

13
위대한 드라마: 1부

가장 사랑받는 성경 이야기 중 하나는 엠마오로 가는 두 제자의 이야기다(눅 24:13-35). 글로바와 동행인 한 사람(아마도 그의 아내 마리아일 것으로 추정되는)이 첫 번째 부활절 저녁에 집으로 걸어가고 있었다. 그들은 혼란과 슬픔에 잠겨 있었다. 그때 한 낯선 사람이 그들 곁에 나타났다. 그들은 예수님께 걸었던 이스라엘의 구원에 대한 모든 기대가 그분의 십자가 처형으로 얼마나 처참히 무너졌는지를 그 낯선 사람에게 이야기했다. 그러자 그 낯선 사람은 성경을 인용해서 그 일이 반드시 일어나야 하는 이유를 설명해 주었다.

두 사람은 점차 마음이 뜨거워졌고 마침내 집에 도착했다. 그들은 그 낯선 사람을 강권해 집으로 들어오게 했다. 식사 자리에서 그는 떡을 손으로 떼었다. 그 순간 그들의 눈이 밝아

져 그 낯선 사람이 예수님이란 것을 알아차렸다. 그러자 예수님은 갑자기 사라지셨다. 그들은 다시 예루살렘으로 달려가 다른 사람들에게 그 이야기를 했다. 나머지는 알려진 대로다.

이야기의 전환점은 30절이다. "그들과 함께 음식 잡수실 때에 떡을 가지사 축사하시고 떼어 그들에게 주시니." 이 말씀은 누가복음 22:19에서 하신 말씀과 너무나 흡사하다. 신약성경의 다른 책에 나오는 최후의 만찬 이야기(마 26:26; 막 14:22; 고전 11:23-24)와도 상당히 비슷하다는 점을 놓고 볼 때, 누가는 이 부분을 우리가 하나의 강한 암시로 '듣도록' 한 것이다. 이제부터 우리가 성경을 해석하면서 마음이 뜨거워지고 '떡을 떼면서' 주님을 알게 될 것이라는 암시다. 그 전체 이야기는 오늘날까지 예수님의 식사의 형태와 드라마를 전달한다.

그것은 드라마 자체다. 합창단과 오르간, 제복, 행렬을 갖춘 웅장한 대성당이든, 콜라 상자를 뒤집어 임시 무대를 만든 해변이든, 영어나 라틴어나 스와힐리어나 중국어나 어떤 언어를 사용하든, 슬픔에 잠겨서든 기쁨에 겨워서든, 감사하는 마음이든 소망에 찬 마음이든, 이 드라마는 교회가 탄생한 첫 달부터 지금까지 매일 매주 수많은 그리스도인에 의해 거행되어 왔다. 성찬에서 하는 말들도 중요하다. 그러나 말보다 훨씬 더 중요한 것은 성찬의 형태와 그 속에 담긴 이야기다. 실제로 성찬은 하나의 연극, 역사적으로 상연된 가장 위대한 드라마다.

성찬을 그런 식으로 생각하는 것을 두려워하지 말라. 오히려 그렇게 생각하지 **않는** 것을 두려워하라. 그렇다고 성직자와 교인들이 '연극을 한다'는 부정적 의미가 아니다. 성찬은 하나님의 연극이고 당신은 그 연극에 참여하는 특권을 부여받았다. 당신 마음대로 연극 내용을 망쳐서는 안 된다. 그것은 이질적 요소에 기도와 찬송 몇 곡을 갖다 붙이고 마지막에 떡과 포도주를 나누게 되는 예배가 아니다. 성찬은 당신이 아닌 하나님의 드라마이며, 성경과 그것이 이야기하는 사건들에 근거한 예식이다.

성찬이라는 연극은 두 부분으로 나누인 리듬이며 그 안에서 다양한 변화가 가능하다. 첫째 부분은 말씀이고 그다음은 식사다. 즉, 성경을 설명함으로써 마음이 뜨거워지고, 음식을 먹고 마심으로써 주님을 알게 되는 것이다. 당신이 어느 교회에 가서 이름도 밝히지 않고 설교만 듣는다 해도 성찬의 떡은 반드시 받고 먹어야 한다. 이 장에서는 첫째 부분에 대해 이야기하고 나머지 부분은 다음 장에서 살펴보겠다.

첫째 부분은 기독교 초기부터 특정한 세 가지 요소를 갖추고 있었다. 고대 명칭으로는 '퀴리에'(*Kyrie*), '글로리아'(*Gloria*), '크레도'(*Credo*)라고 한다.

'퀴리에'란 헬라어로 '주'(Lord)를 의미하며 자비와 도움을 요청하는 간청이다. "주여, 자비를 베푸소서. 그리스도여, 자비를 베푸소서. 주여, 자비를 베푸소서." 하나님의 백성은, 말이나 노래로, 이러한 간청에 자신의 모든 의구심과 문제, 고난과 절망, 혼돈과 실패, 슬픔과 죄악을 담아낼 수 있다. 그들은 엠마오 도상의 글로바와 마리아가 되어 자신의 모든 고민을 예수님께 쏟아 낼 수 있다.

그런 다음 우리 마음에 믿음과 소망이 생기기 시작하면 모든 상황 속에서 찬송하라는 명령대로 찬송할 수 있게 된다. 그때 등장하는 것이 '글로리아'('영광송'이라고도 한다-역주)다. "지극히 높은 곳에서는 하나님께 영광이요, 땅에서는 하나님이 기뻐하신 사람들 중에 평화로다." 이 찬양의 외침은 어조가 강하고 환희에 차 있기 때문에, 토머스 크랜머는 자신이 집례했던 성찬식에서 전체 예식에 대한 '감사'의 의미로 시작이 아닌 거의 마지막에 이 노래를 부르곤 했다. 그것도 매우 바람직한 일이다. 그러나 고대 문헌들과 가장 최근의 근대 문헌들에서 이 노래는 대개 시작 부분에 불렀다.

'글로리아'가 끝나면 그다음은 본격적 말씀이 등장한다. 성경을 읽고 설명하는데, 언제나 복음서에 초점을 맞추고 복음서 낭독이 그 절정을 이룬다. 구약성경은 예수님께 인도하는 이야기의 출발점이며, 그 말씀 없이는 예수님을 이해할 수 없다. 또한 서신서와 요한계시록은 예수님이 이루신 바를 설명하는 책이다. 반면 복음서는 예수님 자신, 그분의 행적과 말씀, 그분의 하나님 나라 선포, 당시 사람들에게 제기하셨던 도전, 그분의 고난과 죽음, 그분의 영광스러운 부활에 대해 이야기한다. 그래서 '퀴리에'에서 괴로운 심정을 솔직하게 토로했던 사람에게는 복음서가 치료제로, 위안으로, 소망으로 다가올 것이다.

성경에 의해 마음이 뜨거워지면 믿음을 고백하고 싶고 세상을 위해서도 기도하고 싶어진다. 니케아 신경(한 분이신 하나님을 우리는 믿나이다…)은 그리스도인이 달아야 하는 배지다. 그것은 어쩌다 보니 믿게 된 것들을 줄줄이 나열하는 고백이 아니라 어떤 우상과도 비할 바 없는 진정한 신이신 하나님께 드리는 우리의 헌신, 예수 그리스도와 성령의 능력 안에서 하나님을 알아 가겠다는 굳은 의지를 고백하는 것이다. 사도신경은 우리가 성찬을 나눌 때 한 가족임을 보증한다. 이 믿음만이 모든 교회를 그리스도 안에서 하나님의 백성으로 결속시킨다. 그리고 그 기도는 우리로 하여금 마음을 뜨겁게 하는 복음의 메시지를 전 세계에 전할 수 있게 한다.

하나님의 말씀은 비나 눈처럼 내려오며 그분이 뜻하신 바를 반드시 이룬다고 이사야는 말했다(사 55:10-11). 하나님의 말씀이 우리 안에서 이루어지면, 이제 드라마의 2부로 넘어갈 준비가 된 것이다.

토론과 성찰을 위한 질문

- 성찬 예식의 전반부를 일반적으로 구성하는 세 부분을 말해 보라.

- 무엇이 성찬 예식 전반부의 절정을 이루는가? 이유가 무엇인가?

14
위대한 드라마: 2부

"떡을 가지사 축사하시고 떼어 그들에게 주시니"(눅 24:30). 이 네 가지 행동은 매우 의미심장하다. 예수님을 지칭하는 한마디 말만 있다면, 말없이 이 네 가지 행동을 한다 해도 그것은 여전히 예수님의 식사다. 물론 자신이 원하는 말들을 할 수도 있고, 실제로 몇몇 전통은 그렇게 한다(비록 때마다 비슷한 말만 되풀이하는 경향은 있지만). 그러나 결혼하는 남녀가 형편만 된다면 플라스틱 반지보다는 금반지를 주고받듯이, 교회도 오랜 세월을 지나오면서 아들의 위격을 통해 자신을 주신 하나님의 선물이라는 핵심적 신비를 최대한 정확하게 표현하기 위해 특별한 문장들을 세심하게 선택해 왔다. 이 시점에서의 예전(liturgy)은 멋진 음악을 관현악으로 연주하는 것과 같다. 베토벤의 교향곡을 하모니카로 연주하지 않듯이 예수님의 식사도

가볍고 경박하게 행하고 싶지는 않을 것이다. 최고에는 최고가 어울리는 법이다.

말씀에서 예전으로 넘어가는 사이에 죄를 고백하거나 죄의 용서를 선언할 것이다. 어떤 경우에는 성찬식의 첫머리에 하기도 한다. 두 경우 모두 나름의 합당한 이유가 있지만, 어쨌든 이 절차는 반드시 필요하다. 바울은 "사람이 자기를 살피고 그 후에야 이 떡을 먹고 이 잔을 마실지니"라고 했다. 예로부터 많은 교회가 성찬 전에 자신을 잘 점검하도록 교인들에게 권면했다. 왕실 가족과 만찬을 하는 자리에 초대를 받는다면, 아마 며칠 전부터 무엇을 입고 갈지 고민할 것이다. 그럼 만왕의 왕이신 예수님과 식사를 하는 자리에 초대를 받았다면 어떻겠는가?

네 가지 행동 중에서 첫 번째 행동은 떡을 가지는 것이다. 이것은 아주 간단하게 할 수도 있고 교인들이 떡과 포도주를 앞으로 들고나오는 식으로 극적으로 연출할 수도 있다(때로는 성찬이라는 드라마의 기본적 부분들을 '요소들'이라고 부른다). 다른 종교의 예배와 달리 예수님의 식사의 상징들은 곡식과 포도가 아니라 떡과 포도주다. 그것은 땅의 소산, 포도나무의 열매, 그리고 인간이 수고한 결과를 상징한다. 이 행동은 우리가 시작한 것이 아니라 하나님이 시작하신 것이다. 다만 지금 우리는 감사와 순종의 마음으로 우리의 생명과 수고의 상징인 떡과 포도주를 가지고 자신을 하나님 앞에 내려놓는다. 언제든 그분의 뜻을 준행할 만반의 자세를 갖추고서 말이다.

두 번째 행동은 축사(blessing)다. 어떤 사람들은 우리가 물질적 대상을 '축사'할 수 있는지 혹은 축사해도 되는지 의아해한다. 그렇게 하면 혹시 요술을 부리는 형태가 되는 것은 아닐까? 장담하건대 전혀 그렇지 않다. 예수님이 떡을 축사하셨다면 우리도 그럴 수 있다. 떡을 축사하는 것은 그 떡이 성찬이라는 전체 사건의 리듬과 드라마 안에서 떡을 받는 모든 사람과 세상 전체에 하나님의 사랑, 즉 예수님을 통해 나타난 하나님의 사랑이 전해지는 도구가 되도록 하기 위해서다. 구원을 고대하는 하나님의 선한 창조 세계가 하나님의 구원 목적 안으로 들어오고 동시에 과거와 미래가 현재라는 순간에 흘러들어온다. 성찬 집례자가 주의 이름으로 성도들을 맞이하면서 "당신의 마음을 올려 드리십시오"라고 말하면 성도들은 "우리의 마음을 주님께 올려 드립니다"라고 화답한다. 우리는 예수님께 나아가는 것이다. 엠마오로 가던 두 사람은 자신들이 예수님을 저녁 식사에 초대했다고 생각했지만, 실제로는 예수님이 주인이셨고 자신들은 손님이었음을 뒤늦게 깨달았다.

'축사'는 보통 긴 기도의 형태를 띠며 하나님의 구속의 역사를 이야기하고 감사한 후에 예수님의 생애와 죽음과 부활에서 절정에 이르기도 한다. 감사의 마음은 "거룩송"(Sanctus)이라는 찬양으로 이어진다. 이사야 6장에서는 천사들이, 요한계시록 4장에서는 생물들이 불렀던 찬미의 노래다. "거룩하다. 거룩하다. 거룩하다. 만군의 여호와여." 이 찬미를 부르면서 교회는 사슴에서 대천사를 아우르는 모든 피조물의 찬양을 하나님께 올려 드리는 핵심 사명을 완수하게 된다.

그러고 나서, 혹은 잠시 뒤에 "베네딕투스 퀴 베니트"(Benedictus qui venit)라고 하는 또 다른 찬양을 부르거나 읊는다. "찬송하리로다. 주의 이름으로 오시는 이여!" 이 가사는 마태복음 23:39에서 따 온 것으로, "환영합니다"라는 유대식 인사말이기도 하다. 이 환영 인사는 로마가톨릭의 화체설에서 나온 그리스도의 '실제적 임재'라는 교리와 밀접한 연관을 가지는 경우도 있다(12장을 보라). 하지만 경배하는 자들과 성찬식 요소들에 예수님이 임재하신다는 다른 관점에서도 타당하다고 볼 수 있다.

그 뒤에 이어지는 세 번째 행동은 떡을 떼는 것이다. 떡을 예수님의 전 생애와 연결시키는, 아울러 그분의 죽음이라는 절정으로 이끄는 이 상징적 행동이야말로 말로 표현할 수 없을 정도로 감동적이며 깔끔한 신학적 형태로 정리할 수 없을 만큼 포괄적이다. 일단은 떡을 떼는 행위는 그분의 죽음이 의미하는 바에 우리가 속하기를 바라는 그분 나름의 방식으로, 예수님이 자신을 우리에게 주셨다는 상징이라고만 해 두면 충분할 것 같다. 예수님은 우리에게 이론을 주신 것이 아니라 행동을 주셨다. 떡을 떼는 것이 바로 그 행동을 상징한다. 예수님을 기억하며 떡을 떼라. 그러면서 경외심을 가지라.

그러다 보면 어느 시점에서 예수님이 우리에게 가르쳐 주신 기도가 등장한다. 어떤 전례에서는 성찬을 받기 전에 그 기도를 하는가 하면 성찬을 받은 후에 하는 전례도 있다. 어떤 전례에서든 예수님이 가르쳐 주신 기도는 이쯤에서 하게 된다. 주기도문이 일용할 양식과 죄에 대한 용서를 담고 있어서이기도 하지만 반드시 그 때문만은 아니다. 성찬은 모든 그리스도인이 가족으로서 먹는 식사이므로, 우리에게는 엄연히 '우리 아버지'라고 말할 권리가 있다.

그리고 마침내 예수님은 떡을 가지사 축사하시고 떼어서 '주셨다.' 우리는 와서 받는다. 진정한 기쁨의 순간들이 그렇듯이 순간도 시시하거나 일시적인 행복이라고 하기엔 너무도 심오하고 엄숙하다. 진정으로 엄숙한 순간들이 그런 것처럼, 이 순간 그 무엇에도 비교할 수 없는 기쁨을 전해 준다. 물론 그 순간에 특별한 무언가를 느끼는지 못 느끼는지는 당신의 삶,

건강, 날씨, 어느 해의 어느 달인가 등의 수많은 여건에 달려 있기도 하다. 하지만 교회 역사의 초기부터 성찬의 순간은 그리스도인들이 믿음과 소망과 사랑으로 자라나는 하나의 핵심적 수단이 되어 주었다. 그런 엄숙함 속에서 "아그누스 데이"(*Agnus Dei*)라는 고대의 찬미가를 부르거나 읊는다. "하나님의 어린양이시여, 세상의 죄를 사하시오니 우리에게 자비를 베푸소서. 평화를 주소서."

이제 드라마는 그 절정에 이르렀다. 이때는 침묵이 어울린다. 언젠가 나의 현명한 친구가 했던 말이 생각난다. 그는 언제나 자신의 자리로 돌아가서 복음서를 다시 한번 읽는다고 한다. 하나님이 자신에게 속삭이시는 말씀을 하나님이 가깝게 느껴지는 그 순간에 듣기 위해서라고 한다. 그것은 결단과 헌신과 평화와 사랑의 순간이다. 그 순간을 누리라. 그런 다음에는 약간 빠른 감이 있지만 보통 찬송가를 한 곡 부르거나 기도를 드린 후에 끝이 난다. 우리가 이미 받을 수 있는 최대의 축사를 받았기 때문에, 또 다른 '축사'는 불필요하다. 물론 축사해 준다면 고마운 일이지만. 중요한 것은 글로바와 마리아처럼 우리가 증인이 되어 세상에 파송된다는 사실이다. 새롭게 힘을 얻고 양분을 섭취한 그리스도인으로서 하나님께 찬양과 영광을 돌리는 삶을 살기 위해 가는 것이다. 예수님의 식사라는 드라마에서 중요한 부분은 바로 교회가 수행해야 할 과업이다.

토론과 성찰을 위한 질문

◦ 우리가 떡과 포도주를 받기 전에 자신의 죄를 고백하는 것이 왜 중요한가?

◦ 떡을 축사하는 것의 요점이 무엇인가?

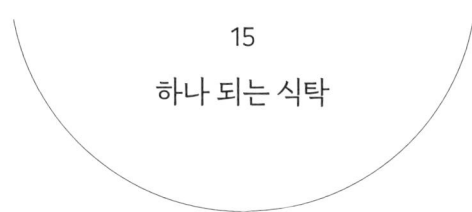

15
하나 되는 식탁

할 말은 아직도 많다. 이 책은 광대한 주제를 간략하게 소개한 것에 불과하다. 하지만 나는 글을 맺으며 여섯 가지 기본적 질문을 하나씩 살펴보고자 한다.

첫째로는 '왜'라는 질문이다. 우리는 왜 성찬을 행하는가? 어떤 면에서는 이 책 전체가 그 질문에 대답하려는 것이라고 할 수 있다. 하지만 여기서는 잘못된 대답 두 가지를 살펴보는 것이 도움이 될 것 같다. 그 첫째는 "예수님이 그렇게 하라고 말씀하셨으니까요"라는 심드렁한 대답이다. 맞는 말이고 중요하다. 하지만 그 말에는 그 밖에 달리 좋은 이유가 없다는 의미가 담겨 있다. 또 그렇게 말하는 사람들 중에는 하나님의 창조 세계와 성례전적 삶에 대한 이원론적 관점을 가지고 피조물을 신앙생활과 연결시키는 것은 둘째 치고 그것을 진지하게 다루는 것조차 위험하다고 생각하는 경우가 많다. 하지만 그렇게 하지 않는 것이 훨씬 더 위험하다.

잘못된 둘째 대답은(실제로 이런 말을 입 밖에 내는 사람은 없겠지만) 예수님의 식사를 기념함으로써 하나님의 총애를 얻는다는 것이다. 우리는 하나님과 피조물을 조종해서 모든 것이 우리에게 유리하도록 만들려 한다. 그러다 보니 어떤 사람들은, 아니 실제로 많은 사람이 성찬을 그런 식으로 이용하려 했다. 그것은 아무런 소용도 없는 일이었지만, 중요한 것은 그것이 아니다. 성찬에 그런 식으로 접근하는 것은 성찬의 의미를 완전히 잘못 이해한 것이다. 예수님의 식사는 우주 만물, 예수님, 성령, 우리 인간의 본성, 창조자/구원자이신 하나님에 대해 깨닫게 해주기 때문이다. 그래서 완전히 잘못 이해했다고 하는 것이다.

둘째로는 '언제'라는 질문이다. 유대인들은 1년에 한 번 유월절을 지켰다. 교회도 비슷한 경우가 있다. 가령 스코틀랜드의 자유 교회들은 1년에 한 번 성찬을 행하는데, 매우 엄숙하고 거룩하며 기념비적인 행사로 치른다. 나는 '언제든 내가 하고 싶을 때' 한다는 입장보다는 차라리 스코틀랜드 자유 교회들의 입장에 가깝다. 하지만 초대교회들은 그보다 더 자주 주의 만찬을 기념했던 것 같다. 최소한 일주일에 한 번, 혹은 어떤 지역에서는 그 이상도 거행했다. 몇백 년 전, 위대한 종교개혁자들을 포함한 교회 지도자들은 성도들에게(심지어 매우 헌신적인 성도들에게도) 일주일에 한 번씩 성찬에 참여하라고 설득하는 데도 애를 먹었다. 당시 문화는 매주 성찬을 행하는 것에 거부감을 갖고 있었다. 요즘은 성도들이 매 주일뿐 아니라 주중에도 성찬을 받는 일이 흔하다. 내가 목회할 때는 하루하루 해야 할 일을 감당할 힘을 준 것이 오로지 그날 행하는 성찬이었다. 성찬에 참석하면서 내 모든 의문과 문제들을 상징적으로 하나님 앞에 내려놓았다. 그러면 그것들이 없어지는 것이 아니라 예수님의 방식대로 재형성되었다.

또 하나 바람직한 일은 당신의 역량을 좀더 발휘해서 당신의 사정과 형편에 부합하면서도 더 깊은 헌신으로 이끄는 형태를 개발해 보는 것이다. 단순히 '아무 때나 편할 때' 성찬을 하려고 하지 말라. 만왕의 왕과 식탁에 앉았는데 항상 편할 것이라고 누가 말하던가? 전혀 그렇지 않다. 당신이 제자임을 보여 주는 표지를 지닌 성찬의 형태는 지금 당신의 상황에 적절해야 한다.

셋째 질문은 '무엇'이다. 결론적으로 성찬이라는 예식에서 무슨 일이 일어난다는 말인가? 대답은 온 세계가 떡과 포도주라는 상징을 통해 십자가 앞으로 나아온다는 것이다. 교회는 '왕 같은 제사장'이기에 우주 만물의 찬양과 고통을 모아 기도와 성찬이 되게 한다. 그 말은 곧 정의와 평화가 성찬을 통해 흘러나온다는 뜻이다. 바울은 주의 만찬을 기념하는 것이 우리가 "주의 죽으심을 그가 오실 때까지 전하는" 것이라고 말했다. 성찬이 전도의 기회라는 얘기는 아니다. 성찬을 하는 **행위 자체**, 즉 예수님의 드라마이며 예수님이 우리에게 하라고 분부하신 그 일이 세상의 보이지 않는 세력인 정사와 권세들에게 예수님이 주님이며 그분의 십자가가 모든 악을 정복하고 승리했음을 선포한다는 말이다. 교회는 그 사실에 기뻐하고 힘을 얻어 세상으로 나가 시청에서, 학교에서, 실업 관리국에서, 암 병동에서, 평화 협정에서 그 승리를 심어 주면 된다.

넷째 질문은 '어디'다. 어디든 상관없다. 하지만 장소를 경솔하게 선택하면 안 된다. 정말로 성찬이 정사와 권세들에게 예수님이 십자가에서 그들을 정복하여 승리했음을 선포하는 것이라면 가끔은 그들의 면전에서 예수님의 식사를 기념할 필요도 있을 것이다. 가령 핵 폭격기가 이륙하려는 활주로나 테러 조직의 본부가 있는 길가, 비극적 사고가 발생한 학교 운동장에서 성찬을 하는 것이다. 예배를 드리는 병원이 많이 있으므로 적절한 때 병동에서 성찬식을 거행하는 일은 병원에서도 흔쾌히 허락할 것이다.

하지만 이 모든 것이 좋은 포도주를 아무 잔에나 마셔도 된다는 이야기처럼 들릴 가능성도 있다. 잔보다는 포도주가 더 중요하다. 당신이 가진 것이 플라스틱 컵뿐이라면 그것으로 마셔도 상관은 없다. 그러나 보통은 좋은 포도주를 멋진 잔에 마시고 싶은 것이 사람의 마음이듯, 예수님의 식사를 기념하는 것도 그런 목적으로 지어진 장소, 그렇다, 교회에서 하는 것이 좋다. 여러 세대에 걸쳐 드려진 기도들이 사방 벽에 녹아 있고, 서까래와 함께 성도들과 천사들(누가 알겠는가?)의 찬양이 떠받치고 있는, 교회는 그 울림마저 각별한 곳이다. 어쩌면 '영적 음향 장치'라는 것이 있을지도 모른다. 어떤 건물은 예수님의 식사를 영적으로 잘 울려 퍼지게 할 것이고 그런 건물들의 대다수는 분명 교회일 것이다.

다섯째 질문은 '어떻게'다. 대답은 '기쁘고 품위 있게'다. 그 둘의 균형을 잘 맞추는 것은 올바른 판단력의 문제인 동시에 성찬을 행하는 곳의 문화(들)와도 밀접한 연관이 있다. 자칫하면 기쁨이 경망스러움으로, 품위가 딱딱함으로 변할 수 있다. 두 가지 모두 유의해야 한다.

내가 지난 20여 년간 교회를 비롯해 예배실, 성당, 병원, 학교 기숙사, 호텔, 고대 유적지, 언덕과 해변(바울이 에베소 장로들에게 작별을 고했던 해변에서 터키 군인들의 의혹에 찬 시선을 받으며 성찬을 행한 적도 있다)에서 성찬을 행했던 경험에 비추어 보건대, 일단 성찬 집례자가 예식의 형태(앞 장에서 살펴보았던 엠마오 형태)를 알고 성찬에 참석한 사람들과 그들의 전통을 제대로 인식했다면, 기본적으로 정해진 성찬의 틀 안에서 재량을 발휘하여 다양한 변형이 가능하다고 생각한다. 그와 더불어 정해진 틀과 그 가치, 참여한 사람들의 영적 수준을 충분히 인식하는 선에서 성찬을 행하는 시간도 다양하게 변경할 수 있다고 생각한다. 이것은 언제나 집례자가 성령의 인도를 받아 판단하고 결정할 일이다.

그런 유의점과 더불어 몇 가지 논란이 되는 문제들도 거론하고 싶다. 성찬을 행할 때 특별한 제복을 입어야 하는가? 특정한 자세(가령 어떤 순서에서는 무릎을 꿇는다든가 하는)를 취해야 하는가? 향이나 종이나 음악을 사용해야 하는가? 교인들이 예식의 어느 부분을 어느 정도 주관하게 해야 하는가? 소위 '손으로 하는 행위'(성호를 긋거나 감사의 뜻으로 떡을 높이 들거나 하는 등의 행위)를 해야 하는가? 그러한 문제들에는 대부분 다양한 신학적 '의미'가 부여되어 있기 때문에 어떤 사람들은 그 의미를 피하기 위해서도 그런 행동을 하지 않는다. 로마서 14장과 고린도전서 8장을 읽어 보라. 우리는 양심이 약한 사람들도 존중해야 한다. 하지만 바울은 그들을 존중할 뿐 아니라 교육시키는 일에도 열과 성을 다했다. 교회에서 목회를 맡은 사람 역시 그 두 가지를 다 잘해야 한다.

마지막 질문은 '누가'다. 이 질문에는 '누구든지!'라고 대답하고 싶은 충동이 일어난다. 실제로 최근의 어떤 저자들은 (예수님이 자주 참석하셨던 '누구나 무료' 잔치가 남긴 발자취를 예수님의 식사가 밟고 있다는 점에 감명을 받아) 성찬도 예수님 안에서 하나님의 사랑을 느끼고 싶은 사람 누구에게나(그들이 교인 등록을 하든 말든) 따뜻한 환영의 손길을 내밀어야 한다고 이야기한다. 그러나 초기부터 교회에서 정한 규정이나 실제 관행은 그것과 달랐다. 한 가지 이유는 두말할 여지없이 비그리스도인에게 발각될 정치적 위험이었다. 또 다른 이유는 성찬식이 갖는 특별한 친밀감이었다. 그런 면에서 예수님을 전혀 모르는 사람이 성찬에 참여한다는 것은 옳지도 않고 적절해 보이지도 않았다. 물론 그에 대한 찬반론이 있을 것이다. 하지만 대부분의 교회는 교인으로 인정하기 위한 기본적인 절차와 규정을 정해 놓고 있다. 예를 들면 세례를 받아야 한다거나, 유아세례와 입교를 받아야 한다는 식이다.

현재 논란이 되는 것 중의 하나에 대해 나는 전통적 입장을 확고하게 고수할 필요가 있다고 생각한다. 성찬은 어느 시적 집단의 진유물이 아니다. 하나님이 그리스도 안에서 자신의 백성이 된 사람들 모두에게 주신 선물이다. 성찬식을 집례하는 사람은 더 큰 교회 몸의 일부로 인정받을 수 있는, 바로 그런 연합의 상징적 존재여야 한다. 아무나 성찬을 집례하고 주관해서는 안 된다. 가령 교회라면 성직자 서임을 받은 사람이어야 한다. 요즘 어떤 지역에서는 (현재 거의 존재하지도 않는 '성직자의 기능'에 대한 새삼스럽고도 유별난 반응의 하나로서) 평신도든 성직자든 원칙적으로 아무나 성찬을 집례할 수 있다고 말하면서 '성직자'를 대단한 존재로 여기지 않는다는 점을 보여 주려 한다. 미안하지만 그것은 하나만 알고 둘은 모르는 소리다. 예수님의 식사는 그리스도인의 연합을 보여 주는 귀중한 상징의 하나다. 그런 귀한 상징적 행위를 잔치 놀잇감으로 삼지 말기를 바란다.

그러나 또 다른 문제에서는 전통적 관행이 바뀔 필요가 있다고 생각한다. 어린이들을 포함해서 세례받은 사람들 중 일부를 성찬에 참여시키지 않는 교회에 나는 강력하게 항의하고 싶다. 어린이들도 당연히 성찬을 받아야 할 권리가 있다. 견진성사를 성찬과 연결시키는 것은 중세 시대 교회들이 견진성사 후보자를 늘리기 위한 묘책이었다. 세례는 가족이 되는 방법이고 성찬은 가족의 식사다. 물론 어린아이들이 성찬에 참여하기 위해서는 식탁 예절부터 배워야 할 것이다. 하지만 그

것이 성찬을 어른들만의 행사가 되게 하는 구실은 될 수 없다고 생각한다. 유대인의 유월절 식사에서는 그 집안의 막내가 말하기 부분을 담당해서 "오늘 밤이 여느 날의 밤과 다른 이유는 무엇인가요?"라고 묻는다. 유월절 의식에서는 아이들에게도 특정한 역할이 주어져 있다. 언젠가 내가 목회하는 교회의 성찬식에서 가장 어린 아이가 앞에 나와 "오늘 밤이 여느 날의 밤과 다른 이유는 무엇인가요?"라고 물을(그리고 멋진 대답을 들을) 그날이 몹시도 기다려진다.

마지막으로 한 가지만 더 호소하면서 이 책을 맺겠다. 초대 교회의 첫 세대부터 식사를 함께하는 행위는 다른 부류의 그리스도인들과 벽을 허무는 상징적 의미를 갖고 있었다. 말하자면 유대인과 헬라인(갈 2장), 부유층과 빈곤층(고전 11장) 간의 벽을 허무는 것이었다. 그것은 하나님의 구속하시는 정의가 세계 만민에게 뻗어 간다는 상징이었다. 그러한 일로 말썽이 생겨도 바울은 단호한 입장을 취했다. 모든 사람을 자신의 식탁에 포함시킨 예수님의 이름으로 성찬에서의 연합은 일절 타협의 여지가 없었다. "떡이 하나요 많은 우리가 한 몸이니 이는 우리가 다 한 떡에 참여함이라"(고전 10:17). 연합을 도모하는 긴 여정의 최종 목표가 다른 교파의 성도들과 성찬을 나누는 것이 되어서는 안 된다. 다른 교파의 성도들과 성찬을 나누는 것은 연합의 수단이 되어야 한다. 그것은 우리가 이미 하고 있는 일, 서로를 존중하고 이해할 수 있는 환경을 조성해서 더 견고하게 연합하게 하는 그런 일이 되어야 한다. 그 말에 동의하지 않는 사람이 있다는 것을 잘 안다. 하지만 사도 바울은 분명 그 말에 동의했을 것이다.

평안히 가서 주님을 사랑하고 섬기기를!
그리스도의 이름으로! 아멘!

토론과 성찰을 위한 질문

◦ 예수님이 우리에게 주신 식사에 당신이 참여하고 싶게끔 만드는 것은 무엇인가?

◦ 성찬식에 참여하는 것이 어떻게 여러 다른 교파에 속한 그리스도인들 사이의 일치를 만들 수 있는가?

옮긴이 안정임은 1990년부터 예수전도단(YWAM)에서 전임 사역자로 11년간 활동했고 이후 캐나다 틴들 대학교에서 신학을 공부했다. 현재는 전문 번역가로 활동하고 있으며, 역서로는 『중단 없는 기도』, 『하나님은 어떻게 악을 이기셨는가?』, 『안식』(이상 IVP), 『위험한 순종』(국제제자훈련원), 『하나님과 친밀해지는 삶』, 『당신에게 없는 믿음』(이상 예수전도단) 등 다수가 있다.

성찬이란 무엇인가

초판 발행_ 2011년 3월 31일
개정판 발행_ 2021년 6월 24일

지은이_ 톰 라이트
옮긴이_ 안정임
펴낸이_ 정모세

펴낸곳_ 한국기독학생회출판부
등록번호_ 제313-2001-198호(1978.6.1)
주소_ 04031 서울시 마포구 동교로 156-10
대표 전화_ (02)337-2257 팩스_ (02)337-2258
영업 전화_ (02)338-2282 팩스_ 080-915-1515
홈페이지_ http://www.ivp.co.kr 이메일_ ivp@ivp.co.kr
ISBN 978-89-328-1839-9

ⓒ 한국기독학생회출판부 2011, 2021

책값은 뒤표지에 있습니다.
무단 전재와 복제를 금합니다.